Stefan Schwarz, Jahrgang 1965, ist mehrfach erprobter Ehemann und leidenschaftlicher Vater. In der Traditionszeitschrift «DASMAGAZIN» bestreitet er eine monatliche Kolumne über das letzte Abenteuer der Menschheit: das Familienleben. Stefan Schwarz lebt zusammen mit Frau, Kindern und Katze in Leipzig. Im Rowohlt Verlag sind bereits erschienen: «Hüftkreisen mit Nancy», «Ich kann nicht, wenn die Katze zuschaut», «War das jetzt schon Sex?» sowie «Das wird ein bisschen wehtun».

«Schwarz brilliert auf jeder Seite mit enormem Sprachwitz.» (Leipziger Volkszeitung)

«Ein bisschen wie Axel Hacke, nur eine ganze Ecke jünger, experimentierfreudiger und, nun ja, dreckiger.» (Rheinische Post)

«Der einzige im komischen Sinne ernstzunehmende Autor in Ostdeutschland.» (Titanic)

STEFAN SCHWARZ

Ich höre dir zu, Schatz

**Aufrichtige Bekenntnisse
eines Mannes im besten Alter**

Rowohlt
Taschenbuch Verlag

Veröffentlicht im Rowohlt Taschenbuch Verlag,
Reinbek bei Hamburg, April 2014
Copyright © 2011 by Seitenstraßen Verlag GmbH, Berlin
Umschlaggestaltung yellowfarm gmbh, Stefanie Freischem
(Umschlagabbildung: Bill Noll/iStockphoto.com;
thinkstockphotos.de; dimjul/123RF.de)
Satz Minion PostScript, InDesign, bei
Pinkuin Satz und Datentechnik, Berlin
Druck und Bindung CPI books GmbH, Leck
Printed in Germany
ISBN 978 3 499 26771 0

«Bei den meisten Spezies wird überschüssige Energie in Fett umgesetzt, nicht in Kreativität.»

(Geoffrey F. Miller, Evolutionsbiologe)

INHALT

9 Zuerst

10 Ronny Eichholz möchte mein Freund werden
13 Meister Dreckecke
16 Vater will nicht neben Dieter liegen
19 Am Beginn der Eisenzeit
22 Der Klick fürs Wesentliche
25 Ausreichend unleserlich
27 Rechtsanwalt Mopsi ist immer noch der Alte
30 Seitensprung in der Straßenbahn
33 Über Traumfrauen oder
   Mit Gabi, das hat sich so ergeben …
39 Einfach mal mit dran denken
42 Eingesesselt
45 Beinahtoderfahrungen
48 Das Neffentreffen
51 Wer kriegt die Freunde?
53 Pubi sagt: Du!
56 Glitzerkrallen
58 Schrecklich oder schrecklich müde
60 Besser als Tabletten
63 Zu einem Couchtisch gehört ein Formslip!
66 Inge machte immer so einen gedrückten Eindruck
69 Wer gehört zu wem?
71 Mein, dein, unser lieber Scholli

74 Die KULANT-Versicherung verliert ihren besten Mann oder Essen Taliban Erdnussflips?
83 Die Muttis kommen!
85 Sie haben mich leider doch angetroffen
87 Dann lieber verschenken
90 Richtig schlechtes Licht
93 Leichen für die Klassenbeste
98 Hallo, Sie haben Ihr Hörgerät verloren!!!
101 Waren wir schon
104 Künstlicher Erdbeergeschmack, Holzfaxgeräte und Relevanz-Flatrates
109 Plötzlich Platzeck
111 Nie wieder Pogo
114 Einig Schwiegervaterland – eine Kapitalismuskritik
119 Dicke Lederbeule
121 Ein Haus für Husni
123 Sex mit Notizen

125 Liebste!
126 Glossar

ZUERST Mein Name ist Stefan Schwarz. Ich bin untätowiert und habe keinen Facebook-Account. Dafür habe ich schon einmal Rabattmarken bei REWE gestohlen und sie später sogar eingelöst, ohne rot zu werden. Ich lerne gerne Sprachen, und letzten Sommer habe ich in einem irischen Pub gelernt, dass der Trinkspruch «Auf euch!» nicht mit «Up your's!» übersetzt wird, und es sogar überlebt. Meine Frau hat sich Ostern beim Kite-Jumpen den Stinkefinger verletzt, und es ist fraglich, ob sie ihn jemals wieder wird richtig gerade machen können. Meine Friseuse hat mir gestanden, dass sie nicht liest. Ihr letztes Buch sei abwaschbar gewesen und habe von einem Ball, einer Ente und einer Lokomotive gehandelt. Meine Schwägerin hat ihren Job beim Kinderschminken verloren, nachdem sie zu einem Kind gesagt hat: «Geschminkt siehst du besser aus!»

Mein Sohn rastet immer aus, wenn ich behaupte, dass Computerspielen aggressiv macht. Meine Tochter hat mich neulich gefragt, was Wollust ist. Ich habe geantwortet: Das ist, wenn man Lust auf Wolle hat.

RONNY EICHHOLZ MÖCHTE MEIN FREUND WERDEN Ping. Ping. Ping. Ich habe dreimal Post aus dem Internet. Die Deutsche Telekom gratuliert mir zum Geburtstag. Ich bin gerührt. Gerade die Telekom, die immer so viel um die Ohren hat. Dass sie daran gedacht hat. Und ich weiß nicht mal, wann sie Geburtstag hat. Nächste Mail. Amazon bittet mich, das Nachthemd, das ich meiner Liebsten unlängst fernkaufte, «zu bewerten». Okay, meine Frau sieht darin toll aus. Eigentlich müsste sie damit ohne Decke schlafen. Aber was sagt das über das Nachthemd aus?

Mein Gartennachbar Opa Krause zum Beispiel würde darin nicht so toll aussehen. Auch an der Supermarkt-Kassiererin mit den wabbligen Oberarmen möchte ich es mir nicht vorstellen, weil das eine Vorstellung ist, die nur mit Tabletten wieder weggeht. Kurz: Man kann das Nachthemd nicht losgelöst von meiner Frau betrachten. Losgelöst liegt es auf dem Fußboden. Soll ich schreiben: Vorsicht! Dieses Nachthemd steht beileibe (für diesen Satz wurde das Wort erfunden) nicht allen! Aber den bereits beträchtlichen Reiz von sportlich-schlanken Dauerenddreißigerinnen mit gewinnender Oberweite unterstreicht es und versieht ihn mit zwei Ausrufezeichen! Das ist ja schon keine Bewertung mehr, das ist ein Gutachten. Mal fragen, was Amazon dafür bezahlen will. Nächste Mail.

«Ronny Eichholz möchte dein Freund werden. Er lädt dich zu Facebook ein.» Ich kenne Ronny

Eichholz nicht. Und ich bin auch nicht bei Facebook. Wenn ich bei Facebook wäre, müsste ich ihn jetzt ablehnen. Das wäre mir zu deutlich. Und zu viel Verantwortung. Nachher war ich der letzte Mensch auf dieser Erde, dessen Freund zu werden sich Ronny Eichholz noch erhoffte. Alle anderen hatten schon abgesagt. Vielleicht sollte ich ihm zurückmailen: Nur, wenn sonst keiner dein Freund sein will.

Anders wäre es schon, wenn in der Mail gestanden hätte: «Ronny Eichholz möchte dein Feind werden! Er lädt dich zu Hass-Book ein!» Bei Hass-Book wäre ich gerne Mitglied. Feinde kann man nie genug haben. Seinen Feindeskreis muss man nicht komplett zu Geburtstagen einladen, und Feinde sind nicht beleidigt, wenn man sich mal ein paar Monate nicht bei ihnen meldet. Um Feinde muss man sich nicht kümmern. Sie kümmern sich von selbst um einen. Und: Feinde schärfen die Auffassungsgabe, verbessern das Gedächtnis. Man muss ständig vor ihren Schlichen und Ränken auf der Hut sein. Feinde veredeln jedes Werk, weil man es gegen eine Welt von Feinden schaffen muss. With a little help from my friends kann ja jeder.

Warum zum Teufel will Ronny Eichholz mein Freund werden? Mal auf sein Profil gucken. Ronny Eichholz mag Peter Maffay, die Mainzelmännchen und die SPD. Er ist Single. Angesichts seiner Vorlieben wäre alles andere auch eine Überraschung. Das Profil sieht ja aus wie ein Single-Baukasten. Für immer allein bleiben mit der Ronny-Eichholz-Methode! Aber ich sollte nicht so herzlos sein: Er ist ein einsamer, ungekratzter Single, der seine trockene Winterhaut an der Raufasertapete seiner Dachgeschosswohnung abschubbern muss, weil niemand ihm den Rücken eincremt. Und andererseits habe ich noch keinen wirklich peinlichen Freund. Jeder Mensch sollte mindestens einen peinlichen, total unpassenden Freund haben. Vielleicht sollte ich mich doch bei Facebook anmelden. Als Vorliebe könnte ich ja «peinliche Freunde» eintragen.

MEISTER DRECKECKE Es war ein lauer Sommerabend, und der Garten sah aus wie Sau. Das Erbsenbeet war zerlatscht, der Lauch der Zwiebeln vor der Zeit geknickt, und auf dem Weg lagen drei tote Mäuse. Ich blieb stehen, äugte finster um mich und ließ meine Frau vorgehen, wie es bei uns Brauch ist, wenn Gefahr droht. (Es handelt sich nicht um Feigheit. Schon bei den Thermopylen wurde derjenige der Spartiaten zum Überleben bestimmt, der später besser davon würde erzählen können.) «Die Nachbarn?», rätselte ich.

Wir hatten am Zaun den Giersch etwas weniger unbarmherzig niedergehalten als geboten. So was kann nach dem Bundeskleingartengesetz als Kriegsgrund gewertet werden. Meine Frau zweifelte. Das seien doch einfache Menschen. Ich erklärte ihr, dass Nachbarschaftsstreits eine ganz eigene Kreativität freisetzen. Da werden Leute, die sonst nicht wissen, wie man ein Blatt Papier faltet, plötzlich zu lauter Hundertwassers des Bösen. Aber dann sahen wir die halb abgenagte Bisamratte vor der Laube liegen. «Du meinst, die sitzen abends auf der Hollywoodschaukel und nagen vor Hass gemeinsam eine Bisamratte an und schmeißen sie rüber, nur damit wir uns hier grün ekeln?», meinte meine Frau, doch da zog plötzlich zwischen Himbeerbusch und Laube ein Fuchs vorbei. Langsam, schnüffelnd schaute er ruhig herüber, als sehe er auf den ersten Blick, dass ich keine Gefahr für ihn darstelle. (Ein Blick, den ich allerdings gewöhnt bin.) «Ein

Fuchs!», schrie meine Frau, worauf er sich dann doch trollte. «Sollte der nicht draußen auf dem Feld Hasen hetzen, anstatt auf anständige Leute ihr Grundstück seine Lieblingskadaver auszulegen?», fragte ich, doch die Frau meinte, Füchse seien Kulturfolger.

Da sei der Fuchs aber hier an der falschen Adresse, murrte ich, ich sei nur ein einfacher Gebrauchsschriftsteller, aber wenn er zum Garten an der Ecke trippele, um sich beim dortigen Gewandhausflötisten einzunisten, dann könne er sich sogar als Hochkulturfolger bezeichnen. «Überhaupt, was ist mit diesen Fuchsbandwürmern? Bald sind die Kirschen reif. Was ist, wenn dann alles verseucht ist?» Meine Frau antwortete, dass Füchse zum Kacken nicht auf Bäume klettern, auch wenn das der Starenplage wegen mal eine gute Idee wäre. «Egal, das Vieh muss weg. Sprengfallen, Selbstschussanlagen, Giftgas …», blätterte ich in meinem inneren Buch der unsentimentalen Schadwildbekämpfung.

Ich ging zum Gartenvorstand, um Meldung zu machen. Der Vorstand guckte mich kritisch durch seine getönte Vorstandsbrille an und sagte, Meister Reinecke sei in Wirklichkeit Meister Dreckecke und bei uns nur eingezogen, weil so viel Unrat herumläge. Und geschossen würde im Kleingartenverein gleich gar nicht. Die Jäger würden schon im Wald genug danebenballern, da müsse jetzt nicht noch jemand hier tot überm Balkon hängen. Ich solle mal aufräumen und ein paar Hundehaare aufhängen, das würde den Roten schon vertreiben.

Ich zog einen Flunsch und ging mit der Schere in der Hosentasche auf die Hundewiese, um in einem unbemerkten Augenblick («Ja, du bist ja ein Braver, und so schönes, stinkendes Fell!») ein paar Cockerspaniel zu verunstalten. Mit dem Armvoll Hundewolle betrat ich den Garten, als meine Frau auf mich zukam. «Vergiss es! Es ist eine Füchsin! Mit drei Welpen! Die sind so süß.» – Pah, Mütter!

VATER WILL NICHT NEBEN DIETER LIEGEN «Red du mit ihm», sagt meine Mutter, «vielleicht hört er ja auf dich.» Vadder sitzt im Fernsehsessel und wippt furchteinflößend mit den braunen Cordhausschuhen. Ich bin mir gerade jetzt nicht so sicher, dass mein Vater mich gezeugt hat, damit er im Alter jemanden hat, auf den er hören kann. «Hallo, Vadder», sage ich vorsichtig. «Deine Mutter braucht dich gar nicht einspannen», knurrt mein Alter Herr, «ich liege nicht neben Dieter Klapproth.»

Abgeworfen auf dem Couchtisch liegt ein Schreiben der Friedhofsverwaltung und daneben ein Belegungsplan der Grabstellen. Das Schreiben schreibt, dass dem Wunsch leider nicht entsprochen werden könne, weil die fragliche Nummer 67 schon vergeben sei. An die Eheleute Klapproth. Man könne jedoch daneben …

Ich frage, was an Dieter Klapproth so schlimm sei. Vadder schäumt. «Ein Angeber. Ein Wichtigtuer vor dem Herrn.» Ich wende ein, dass es sich im Ernstfall um eine Urne voll Pulver handeln wird. Vadder hält dagegen, dass er Dieter Klapproth kenne und der in jedem Aggregatzustand ein Wichtigtuer sei. «Der ist ja nicht tot wie alle anderen anständigen Menschen auch. Augen zu und Ruhe geben. Das kann der gar nicht. Und dann noch seine Olle dazu, dieses Flittchen.» Mutter ruft jetzt «Bitte!» aus der Küche.

Irma Klapproth ist tatsächlich 79 Jahre alt und lässt sich in der Kaufhalle die Geldstücke aus dem Portemonnaie pulen. Zwar schminkt sie sich noch, aber es sieht ein bisschen aus, als würde sie die Augenbrauen mit einem Stück Holzkohle nachziehen. Mutter hat recht. Auch Flittchen gehen in Rente.

Egal: Vadder will nicht neben der Angeberasche von Dieter Klapproth und dem Flittchen a. D. liegen. Ich beuge mich über den Belegungsplan und tippe auf ein paar unausgekreuzte Grabstellen etwas weiter daneben. Was er nur hat? Im Kino sind auch nicht immer alle Plätze frei. Da muss man flexibel sein. Aber Vadder zieht mich mit einer Kraft zu sich herunter, dass man glauben könne, die Pflegestufe sei einem Simulanten verliehen worden.

«Warst du schon mal da? Ab Platz 65 hat man überhaupt keine Aussicht mehr, links ist die Hecke und daneben der Geräteplatz mit den Gießkannen und der Blumenmüll. Da sind die Schattenlagen.» Ich beginne zu verstehen. Bis hierhin waren ja alle Immobilienentscheidungen naturgemäß Provisorien. Das hier ist für immer. Da kann man keine Kompromisse machen. «Die Arbeit hatte er nicht erfunden, der Dieter, aber schöntun mit den Leuten, das konnte er schon immer», ärgert sich Vadder weiter über seinen Kollegen, der ihm bei der Friedhofsverwaltung zuvorgekommen ist, «im Job der Letzte, aber auf dem Friedhof der Erste, ja, das sieht ihm ganz ähnlich.» –Apropos Schattenlage», sage ich, weil meine Mutter schon zweimal ins Wohnzimmer geschmult hat, ob ich meinen Vater schon beruhigt habe oder sie doch die Tabletten bringen muss, «wenn ihr euch doch für den Platz direkt neben den Klapproths entscheidet, könnte man ja einen etwas größeren Grabstein setzen, der denen das Licht nimmt.»

Vadder tätschelt meine Wange, setzt die Brille auf und studiert den Plan. «Mutter, wir müssen uns getrennt beerdigen lassen. Wir brauchen zwei Grabstellen, eine neben Dieter und links davor noch eine, dann liegt er komplett im Dunkeln, da wächst nicht mal mehr Efeu.»

AM BEGINN DER EISENZEIT Es kam aber der Tag, an dem die Haare auch im Gesicht meines Sohnes zu sprießen begannen. Verborgen unter einer abschreibefreundlichen Mähne wucherte Walrosshaar unter seiner Nase, und Sauerkrautlocken ringelten sich an den Schläfen herab. «Es reicht, wenn er singt wie Wolf Biermann, er muss nicht noch so aussehen!», sagte ich denn auch am Abend jenes Tages zu meiner Frau, die sofort einen Finger auf die verweste Leiche unterm Treppenabsatz legte, um sich nach dem Zuhören sofort wieder ihrer Lieblingskrimipathologin zuwenden zu können. (Ich glaube ja nicht, dass Frauen empfindsamer sind als Männer. Meine Frau schlummert gern mal weg, während im Buch auf ihrer Brust gerade dem Opfer der Schädel eingeschlagen wurde. Ich hingegen müsste die Nacht über das Licht anlassen und einen Sturzhelm aufsetzen, um ein bisschen Ruhe zu finden.)

«Bei Kaufhof habense Elektrorasierer im Angebot», sagte meine Frau. «Du willst, dass er sich trocken rasiert?», erwiderte ich so fassungslos, dass sich meine Stimme eine halbe Oktave nach oben verschob. «Für die paar Härchen wird's grad reichen!», meinte das Weib und wollte weiterlesen. «Wir sind Nassrasierer, und wir bleiben Nassrasierer!», rief ich den ewigen Weihespruch meiner Vorfahren in die widerhallende Nacht. Und auch mein Sohn würde keine von diesen Kreaturen, erklärte ich mit gehobener Brust, die sich morgens mürrisch von irgendwelchen untauglichen Brummkästen schluderig die Stoppeln aus dem Gesicht reißen lassen, anstatt sich mit den eleganten Strichen eines Nassrasierers souverän die Wangen zu glätten, ein frühes Ei-ei-ei aus eigener Hand, ein Akt der Selbstachtung, ja der Selbstliebe, der uns seit dem Eisenzeitalter im Blut läge. «Sogar meine Oma hat sich nass rasiert!», schloss ich, und weil meine Frau so komisch guckte, fügte ich an: «Später. Im hohen Alter!»

Meine Frau legte das Buch aufgeklappt beiseite und setzte sich auf. «Warum kriegen ältere Frauen eigentlich Bartwuchs? Warum vermännlichen viele Frauen im Alter? Und warum wurde die alte Hexe Baba Jaga im Märchen von einem Mann gespielt?» Ich hatte die Antwort sofort, aber weil ich meine Frau nicht so spät noch mit intellektueller Brillanz düpieren wollte, grübelte ich ein paar Sekunden künstlich. «Ich denke, es ist so eine Art hormoneller Auszeichnung. Wenn sie sich das ganze Leben gut geschlagen haben, dürfen Frauen am Ende ihres Weges der kleinen Freuden des Mannseins teilhaftig werden.»

Jetzt legte meine Frau dann doch ein Lesezeichen in ihr Buch und klappte es zu. Das sei ja mal wieder wirklich ausgemachter Quatsch, sagte sie und rückte den Träger ihres Seidennachthemds in einer Art zurecht, die demonstrativ jeden Anflug alterungsbedingter Männlichkeit vermissen ließ. Sie glaube eher, dass die Tendenz zur Vermännlichung im Alter ein Degenerationsprodukt sei, ein Resultat zunehmender Schwäche. «So gesehen ist der Mann nur so was wie eine Frau, die sich aufgegeben hat.»

«Du meinst, dem Mann wächst unentwegt der Rasen aus dem Gesicht, der ihn sowieso dereinst bedecken wird?»

Meine Frau langte wieder nach dem Buch, um mich nicht durch allzu viel Aufmerksamkeit eingebildet werden zu lassen, und seufzte. «Der Rasen im Garten muss auf alle Fälle noch vor dem Sohn rasiert werden. Trocken oder nass!»

DER KLICK FÜRS WESENTLICHE «Ich weiß es einfach nicht», schnupfte Suse hörbar, «ich weiß nicht, ob er der Richtige ist. Ich interessiere mich für Bücher, und er geht lieber ins Kino.»

«Dafür gibt's ja Literaturverfilmungen!», rief ich aus dem Arbeitszimmer, und sogleich wurde die Küchentür mit einer Beherztheit geschlossen, die keinen Zweifel an der Unbrauchbarkeit meiner Vorschläge ließ. Meine Frau saß mit Knabberzeug und Mocca-Sekt und Suse in der Küche und erörterte, wie man den Mann fürs Leben findet. Single-Suse hatte bei einer Internetagentur alle ihre Daten und Vorlieben (Kunst, Literatur, Theater, will sagen: schwierig, unentschlossen, überkomplex) eingegeben und sich mit einem Rüdiger getroffen, der sich offenbar nicht wirklich für Bücher, sondern für sie interessierte.

Nun saßen sie und rätselten, was denn der Rüdiger nun für einer wär. «Hat er ‹schöne Bluse› gesagt oder ‹hübsche Bluse›?», hörte ich meine Frau fragen. «Mit ‹hübsche Bluse› meint er nämlich was anderes.» – «O Gott! Er hat aber ‹schmucke Bluse› gesagt. Was heißt denn das nun wieder?» (Die Antwort: Rüdiger wuchs bei seiner Oma auf. Aber mich fragt ja keiner.)

Frauen hegen die Illusion, mehr und feinere Informationen würden bei der Partnerwahl bessere Ergebnisse zeitigen. Das ist falsch. Ein Mehr an Analyse führt bei der Partnerwahl nur zu detaillierter ausgeführten Fehlentscheidungen. Ob Rüdiger «Krieg und Frieden» gelesen hat, sagt gar nix, außer dass er wahrscheinlich ein Jahr bettlägerig war und es nur dieses eine Buch in Reichweite gab. Nötig sind einfache, klare Hinweise.

Biologen empfehlen ja das Erschnuppern, weil die Nase vom Reptilienhirn der Frauen (daher die vielen Krokotaschen) beaufsichtigt wird und die Gene quasi unter Umgehung des Schulabschlusses miteinander kommunizieren. Das mag auch ein Grund sein, warum Bauern mit dem Odeur intensiver Viehhaltung ihre Frauen mittlerweile übers Fernsehen suchen müssen. Ich hingegen empfehle zu beobachten, wie ein Mann sein Auto funkfernschließt. Stellt er sich vor dem Wagen auf, hält den Schlüssel vor der Brust und tippt von oben auf den Schließknopf, so haben Sie, verehrte Dame, es mit einem sorgfältigen Mann zu tun, der nie den Hochzeitstag oder das frische Handtuch vergisst, das unter Sie zu legen er vorm Ausbruch der Ekstase für seine Pflicht hält.

Entfernt er sich aber schnellen Schrittes vom Auto, um ohne Blick zurück und mit einer Wegwerf-Bewegung den Autoschlüssel, bisweilen sogar wie ein Kunstschütze über die Schultern, nach hinten funkfernabzufeuern, so seien Sie gewiss, einen Mann in Ihr Leben zu holen, der nicht wissen will, wie Sie funktionieren, sondern nur dass, und der Ihnen bei selbstquälerischen Erörterungen, ob der jüngste Aquarellkurs Sie wieder auf das gespannte Verhältnis zu Ihrer Mutter zurückgeworfen hat oder umgekehrt, nur mit unkonstruktivem Nicken und Brummen antworten wird.

Umstrahlt von meiner eigenen Weisheit betrat ich die Küche, streunte ein bisschen zwischen Espresso und einem angeblich wichtigen Zeitungsartikel hin und her, um schließlich Suse nach Rüdigers Autofunkfernschließgebaren zu fragen. «Wir standen so rum. Dann blinkte das Auto. Er hatte die Hand in der Tasche.»

«Nimm ihn!», sagte ich. «Er ist perfekt. Nicht affektiert, aber lässig und technisch korrekt.» Und ging. Nicht schnell genug, um nicht noch zu hören, wie meine Frau sarkastisch meinte: «Ich wäre vorsichtig. Meiner macht das nämlich auch so. Und du weißt ja …»

AUSREICHEND UNLESERLICH Meine Frau ist zu ihrer Schwester an die Küste gefahren. Strandspaziergänge machen mit ganz viel Schal um den Hals. Tee trinken in Fischerklausen mit knackendem Kandiszucker. Über die Eltern reden und dabei feststellen, dass man über völlig verschiedene Personen spricht.

Bei uns zu Hause klebt eine hundertzeilige Liste am Kühlschrank. Meine Frau denkt, wenn sie uns nicht alles minutiös aufschreibt, stünden wir bei ihrer Heimkehr immer noch winkend am Bahnhof. Als wäre sie nicht nur die Seele, sondern auch das Hirn vom Ganzen. Da man der Liste nicht ansieht, ob sie angesehen wurde, haben wir freie Wahl.

Der Kronsohn würde sowieso machen, was er will. Leider will er nix. Und die Trollprinzessin hat Augen und Ohren, Arme und Beine, warum soll ich ihr die Sachen rauslegen? (Bei mir ohnehin etwas negativ besetzt: Der letzte Mensch, der mir die Sachen rausgelegt hat, war meine Freundin von 1988. Und die Sachen lagen vor der Haustür. Im Regen!) Faule Unteroffiziere ergeben fleißige Soldaten, hat der Alte Fritz gelehrt. Und siehe da: Zehn Minuten nach dem Aufstehen kommt die Trollprinzessin am nächsten Morgen geschmackvoll und angemessen gekleidet in die Küche und reicht mir ein Diktatheft. Ich unterschreibe zufrieden eine Eins minus. «Papa, wann lernt man eigentlich diese Krakelschrift?» Krakelschrift? Die Trollprinzessin deutet auf meine Unterschrift, die aussieht, als hätte ich beim Schreiben einen Elektroschock bekommen. Mein tolles Autogramm.

Was soll ich dem Kind sagen? Dass man erst mühsam Schönschrift lernt, damit man später was zum Abgewöhnen hat? Aber es ist doch so: Die Glaubwürdigkeit einer Unterschrift steigt mit ihrer Unlesbarkeit. Der START-Vertrag zur Reduzierung der strategischen Atomwaffen wäre nie in Kraft getreten, wenn Gorbatschow bei der Unterzeichnung angefangen hätte, mit eingerollter Zunge und Streberbuckel ein sauberes G zu malen und dabei leise «Gor…ba…tschooo…fff» vor sich hin gemalt hätte. Bush senior wäre aufgesprungen, hätte mit Fuchtelfinger auf die Unterschrift Gorbatschows in Schulausgangsschrift mit sauberem Aufstrich und exaktem Ende aller Kleinbuchstaben am Mittelband gedeutet und hätte gerufen: «Das gildet nicht. Das kann ja jeder geschrieben haben!» Gorbatschow hätte dagegengehetzt: «‹Gildet› sagt man nicht!», und gleich wären wieder die Zündschlüsseloffiziere in die Raketensilos gerannt, um auf Drei-zwo-eins die Simultan-Zündschlüssel zu drehen. Deswegen ist es wichtig, als Erwachsener eine ausreichend unleserliche Unterschrift zu haben. Aber das kann ich dem Kind unmöglich erklären.

«Das ist alte Schrift», sage ich, «die wird nicht mehr gelehrt.» Die Trollprinzessin guckt skeptisch und notiert sich die Frage zur Wiedervorlage bei der Mutti.

«Wieso ist das eigentlich nur eine Eins minus geworden?», lenke ich streng ab, denn die Diktate meiner Frau kursieren heute noch in Sachsen-Anhalt als Mustertexte für unsichere Neulehrer. Betreten zeigt die Trollprinzessin auf das Wort «Altern» im Diktat. «Das schreibt man ja auch nicht», sage ich, «das denkt man nur!»

RECHTSANWALT MOPSI IST IMMER NOCH DER ALTE Eigentlich war ich dran, aber ich zögerte noch. Die runde Verkäuferin mit der etwas strohig geratenen Blondierung zählte freundlich-genervt innerlich bis drei und bediente dann den nächsten Kunden. Danach warf sie noch mal einen fragenden Blick in meine Richtung, der ich schon stumm mit den Lippen die Bestellung zu formulieren suchte, aber nach ein paar quälend langen Momenten, in denen sich zum Blick der Verkäuferin die Blicke der anderen Kunden hinzugesellten, zeigte ich bloß kurz auf ein Tablett mit braun gefleckten Gebäckstücken.

«Zimt-Wuppis? Sie wollen Zimt-Wuppis?», sagte die Verkäuferin, und ich zuckte jedes Mal zusammen. Ich esse Rührteiggebäck ganz gern, aber ich kann keine Zimt-Wuppis bestellen. Vielleicht hat es einmal eine Zeit gegeben, in der ich Zimt-Wuppis bestellen konnte, doch sie ist vorbei. Ich bin zu alt für diesen Quatsch. Infantile Produktbezeichnungen krümmen mich vom Kaufhallenregal weg. Quetschi – das leicht herausquetschbare Apfelmus, Knabbi – das knabberbare Esspapier, Rolly – der rollende Lautsprecher, Flutschi – die flutschende Gleitcreme, sie werden nie eine Purchase-Decision bei mir triggern, sosehr sich die Marketing-Experten aus dem Werbekindergarten auch die Daumen drücken. Sogar meine – journalistisch leider erforderliche – Fähigkeit, einer Konferenz mit den beiden Linken-Politikern Gysi und Perli beizuwohnen, nimmt zusehends ab. Ich ertrage die Verunwürdigung der Welt nicht mehr. Ich möchte, dass die Dinge und Menschen um mich herum Namen tragen, bei denen man nicht sofort eine Rolltröte strammblasen möchte.

Vielleicht hat es mit dem Klassentreffen von letzter Woche zu tun, wo ein mir erst mal unbekannter, wohlbeleibter Mann mit Schnauzbart und Brille auf mich zuwankte und «Ich bin's! Der Strolchi!» rief.

Ich kannte Strolchi. Strolchi war ein sommersprossiger Schlaks in chinesischen Nietenhosen, der gerne Fliegen fing und ihnen einen Flügel ausriss. «Mopsi ist auch da!», rief der Mann weiter, der Wert drauf legte, innen drin noch immer der alte Strolchi zu sein. Strolchi leitet, wie sich herausstellte, einen Zulieferbetrieb für Schiffsmotoren, und Mopsi hat als Rechtsanwalt die Weitergeltung der «Besenrein-Übergabe» bei «Normalverschleiß» in Ostmietverträgen erstritten. Die beiden verabreden sich manchmal zum Segeln, und ich stellte mir vor, wie die eng berockte Sekretärin die Akten ins Büro bringt und dann mit leicht gerümpfter Nase sagt: «Ach ja, bevor ich's vergesse: Ein Herr Strolchi hat für Sie angerufen!» Die mit Spitznamen verbundene persönliche Kontinuität hat etwas Zwiespältiges. Es ist okay, als Kind so genannt worden zu sein, aber sollte man das nicht irgendwann hinter sich lassen? Wollte mein Klassenkamerad, dass man ihm in der Laudatio «Wir alle kennen Hans-Martin Strollmeyer als verantwortungsbewussten Geschäftsmann und als Strolchi, den perversen Insektenquäler!» zurief?

Als ich mit meinen kindischen Rührteigstücken nach Hause kam, stand meine Frau in der Küche. «Möchtest du auch ein bisschen Bohnensuppe?» «Meinst du: Bohni – die Bonus-Bohnensuppe? Oder Suppi – die Super-Suppe mit Bohnen?», fragte ich vorsichtig.

«Nö, is von BWF. Und nach IFS-Standard», las mein Weib, die Dose einen Arm lang von den gealterten Augen fernhaltend. «Klingt lecker», sagte ich und hielt ihr einen Teller hin.

SEITENSPRUNG IN DER STRASSENBAHN Ich fahre gerne Taxi. Meine Frau, die mich in Fragen der Transportökonomie für nahezu dement hält, mag das nicht so sehr, und deswegen versuche ich immer, mich rauszureden. Ich sage: Wegen der Taxifahrer, weil die doch Volkes Stimme sind und das Herz auf dem rechten Fleck haben. Aber das stimmt natürlich nicht. Die meisten Taxifahrer sind einsilbige Muffel oder haben Meinungen, von denen man nur eine Silbe hören braucht, um den Satz selbst zu Ende sprechen zu können. Die Wahrheit ist: Ich sitze einfach gerne hinten und sage, wo es langgeht.

Aber an diesem Tag beschloss ich, statt Zeit einmal Geld zu sparen, und nahm die Straßenbahn. Die Bahn war voll wie ein Grenzübergang zum Mauerfall. Ich konnte mir gerade so einen Stehplatz hinter einer blonden Mutti und ihrem goldlockigen Stupsnäschen erquetschen. Die Mutti steckte in wadenschönen Stiefeln, sah aus, wie Marina Vlady heute gern aussehen würde, und war von ansprechend geringer Größe. In meiner Welt gibt es sonst nicht so viel über Schultern zu gucken. Die Blondine ließ sich von ihrem Kind beplappern, und als es länger schwieg, zückte sie plötzlich eines dieser messerscharfen Klapphandys, mit denen sich Frauen notfalls auch die Beine rasieren können, wählte die SMS-Funktion aus und begann, mit einem beneidenswert schnellen Daumen einen Text zu fertigen. Ich wollte eigentlich woandershin blicken, aber es gab nix woanders hinzublicken. Draußen fiel bloß irgendein Regen.

Drinnen ballten sich so uninteressante Menschen, dass sie wahrscheinlich selbst darum gebeten hätten, sie keines Blickes zu würdigen. Nur das große Display des Klapphandys vor mir leuchtete gut lesbar.

«Wenn deine Frau so misstrauisch ist, verschieben wir das Date lieber ...», däumelte sie behände über die Tasten. Ich atmete so erschrocken ein, dass ich beinah ein paar Haare von ihr im Mund gehabt hätte. Ein Seitensprung! Und ich als Mitwisser! Gott sei Dank wollte das goldlockige Stupsnäschen jetzt was trinken, und die blonde Mutti kramte freundlich eine Flasche Minz-geapfeltes Sportwasser aus der Handtasche.

Ich hyperventilierte ausgiebig in meinen Rollkragen. Offenbar nicht geräuscharm genug. Denn das Marina-Vlady-Lookalike wandte sich um, sah mich mit unschuldigen blauen Augen an und fragte: «Sie sind total blass. Ist Ihnen nicht gut?» Ich konnte ja jetzt unmöglich aufschreien: «Diese Frau betrügt ihren Mann!» Erstens, weil dann vielleicht ein Viertel aller uninteressanten weiblichen Fahrgäste den Kopf eingezogen hätte (auch uninteressante Menschen können außerehelichen Sex haben, sogar noch viel mehr, weil sich ihre Partner ja nicht dafür interessieren), und zweitens kannte ich ihren Mann ja gar nicht. Vielleicht war es gar kein Mann, sondern ein Blödmann.

Ich empfand plötzlich sogar so etwas wie Hochachtung. Tolle Frau. Beruf, Haushalt, Kinder, Step-Aerobic und dann noch Fremdgehen. Alle Achtung. Ich würde das nicht auf die Reihe kriegen. Ich müsste mir Arbeit mit ins Hotel nehmen oder den Abwasch.

Ich fächelte ein «Schon okay» zur blonden Mutti und drängelte mich beim nächsten Halt nach draußen. Draußen fiel Regen, aber wahrscheinlich tat er nur so. Wenn schon liebreizend blonde Muttis im Vorübergehen ihre Fremd-Dates organisierten, wem sollte man noch trauen? Ich setzte mich und sah auf zwei wadenschöne Stiefel. Mutti samt Goldlöckchen standen vor mir: «Holen Sie erst mal Luft! Soll ich Ihnen ein Taxi rufen?» – «Oh, das wäre nett», sagte ich, «Sie haben ja jetzt ein bisschen Zeit.»

ÜBER TRAUMFRAUEN ODER MIT GABI, DAS HAT SICH SO ERGEBEN ... Ja, das gibt es, dass ein Traummann seine Traumfrau trifft, aber dann steht immer das Geschirr rum, und niemand räumt die Wäsche weg. Ich weiß, wovon ich spreche, wir haben so einen Fall in der Verwandtschaft. Es ist das komplette Chaos. Richtiges Glück macht nämlich noch unordentlicher als Unglück. Die gucken sich immer nur verliebt an, und statt nach den dreckigen Tellern greifen sie nur nacheinander und schnurren sich an. Im Hinblick auf den Seuchenschutz und die Schwiegerelternzufriedenheit muss man also für ein gerade so hinreichendes Dreiviertelglück plädieren, und das ist ja auch die Regel.

Warum eigentlich? Wenn es um Traumfrauen geht, sollten wir zuerst an Glockenkurven denken. Allerdings nicht an die in der Bluse, sondern an die Graphen der Gauß'schen Normalverteilung. Statistisch gesehen gibt es ja nur ganz wenige Traumfrauen, seltene Hochblüten der menschlichen Spezies, Hauptgewinne der Reproduktionslotterie, sozusagen Referenzwesen, an denen sich alle Frauen ein Beispiel nehmen sollen. Manierlich, anmutig und energieoptimiert wie ein fallendes Seidentuch und schön bis zum optischen Stress. Frauen halt, die alle Männer wollen. Wollen müssen. Der Partnermarktwert ist hier auf volle 100 Prozent gesetzt, und Männe muss vor dem Spiegel dagegenhalten.

Abzüge gibt es schon mal wegen Hohlkreuz und Rundrücken. Beim «Ich-packe-meinen-Koffer»-Spiel schon in Runde zwei ausgeschieden? Hauptschulabschluss nur nachträglich und ehrenhalber? Oh, das sieht schlecht aus. Für Heidi Klum zu krumm. Für Penelope Cruz viel zu konfus. Downgrade folgt auf Downgrade. Ehrlich gesagt, bliebe eigentlich nur noch Brunhild Schrunz, schon seit drei Jahren durchaus erfolglos in der 8a. Dünnes Haar, dicke Brille. Taillenumfang gleich Schulterbreite. Aber sie trinkt wenigstens nicht – so viel.

Natürlich geht es im wahren Leben etwas schöner zu. Das liegt daran, dass psychisch gesunde Männer sich immer für etwas attraktiver halten, als sie sind. Realistische Selbstwahrnehmung ist beim Mann eher ein Zeichen von Depression und eigentlich behandlungsbedürftig. In seiner Selbstüberschätzung ähnelt der paarungsaktive Mann dem Mops, mit dem er nicht nur den Hang zum Übergewicht teilt, sondern auch den etwas drolligen Wagemut und die Missachtung von Gefahren. Derart ausgerüstet zieht der Mann seiner Traumfrau, seinem Leitstern entgegen, unentwegt ihr von der Windmaschine des Fotostudios sacht wehendes Haar, ihr kunstwimpernumstrahltes Glanzauge, die rhizinusölige Schmolllippenfeuchte im Hirnkino, und er fragt sich nie, wo dieser glorreiche Feldzug sein Ende finden wird.

Paarungssoziologen kennen die Antwort. Zwei Freundinnen, drei Straßen, im Extremfall vier Städte weiter. Man muss ja auch mal zu Potte kommen, und Ende zwanzig ist sogar schon der picklige Torsten von gegenüber verheiratet. Im wahren Leben ist es, wie gesagt, in Ordnung, wenn der Weg zum Ziel eine Abkürzung ist und das Ende des Weges dann auch noch etwas daneben liegt.

Auch wenn es so aussieht: Männer sind partnerwahltechnisch keine geborenen Versager. Es mag sich für die schlussendlich und oft überraschend willkürlich gewählte Partnerin («Eigentlich wollte ich ja Charlene ansprechen, aber die war gerade auf Toilette, da hab ich Gabi gefragt, weil die so rumstand. Und dann hat sich das so ergeben mit der Hochzeit …») wie eine Kränkung anfühlen, im Grunde aber vergleichen Männer sehr genau die Frau ihrer Träume mit dem Leben ihrer Träume.

Traumfrauen sind es ihrer großen Schönheit wegen gewohnt, von Hilfsbereitschaft und Aufmerksamkeit umgeben, mehr noch, eingesponnen zu sein. Zwei Dutzend Männer springen hinzu, wenn auf dem Flughafen-Terminal ein Centerfold-Trophywife ihr Puderdöschen verliert, ach, was sag ich, nur zu verlieren droht, während der achtkantige Rolltreppensturz einer durchschnittlichen Strubbelmutti, deren Kofferinhalt sich über zwei Etagen verteilt, anwesende Gentlemen in vollendeter Gleichgültigkeit antrifft. Männer wissen also, dass sie ihre Traumfrau durchgehend bewundern und ihr zur Hand gehen müssten, also selber ein Traummann sein müssten, und wählen – wie übrigens auch bei Zimmerpflanzen – mit sicherer Hand eine, die auch dann noch gut gedeiht, wenn man sie mal ein bisschen vernachlässigt.

Alles andere ist schon ungesünder, oder wir müssen es Stalking nennen. Die Entführung der Helena nach Troja, die Schändung der Lucretia, die Unzucht Doktor Faustens mit dem gerade mal vierzehnjährigen Gretchen (ich kann nur annehmen, dass die Familienministerin das deutsche Nationalepos nie gelesen hat, denn sonst würde ihr klar sein, dass eine der finstersten Quellen der Verderbnis ganz legal im Deutschunterricht der Oberstufe sprudelt) – die Liste von Leid und Unfug, die durch das Beharren auf der einen Traumfrau entsteht, ist endlos. Es ist nie gut, wenn man sich auf eine ganz bestimmte Person einschießt, was sich allerdings nach dem jüngsten Fall von traumfraulicher Obsession, dem gottlob missglückten Armbrustattentat auf die spanische Schauspielerin Sara Casasnovas durch ihren deutschen Verehrer, gar nicht mehr wie eine Metapher anhört.

Andererseits sollten wir fairerweise anführen, dass der irre Taugenichts durch seine Überliebe zur frisch-fröhlichen spanischen Aktrice (ich finde ja, sie hat Hasenzähne, aber die Augenfarbe ist okay) ein beachtliches Set an Fähigkeiten entwickelt hat, wozu nicht nur Armbrustschießen zählte, sondern auch die Kunst, zur rechten Zeit am rechten Ort zu sein, etwas also, was das Militär seit Jahrtausenden den Männern vergeblich beizubringen versucht. (Waterloo müsste eigentlich in Blindekuh umbenannt werden, so wie die da alle aneinander vorbeigerannt sind, und heute mit GPS isses nicht viel besser. Scheint was Genetisches zu sein.)

So wächst das Gute aus dem Bösen. Die unerreichte Traumfrau erweist sich als Lehrmeisterin. Das ganze Mittelalter übt sich im Frauendienst, der Hohen Minne, schmiedet Lanzen, Drachen zu töten, schmiedet Verse, Damen zu erröten. Ziel dieser Exerzitien ist dann etwas so Zartes, so Flüchtiges, dass man gar nicht mehr verstehen mag, warum sich die Ritter darum rauften. Es heißt Huld, es heißt Gunst. Nicht dass die Frolleins vor Entzücken mit gerafftem Rock strohwärts in Position gesprungen wären, nee, nee, einmal freundlich Kopfnicken in Richtung des Trutz von Bronzenstein, und das soll es dann gewesen sein.

Aber kommt dies nicht dem Wesen der Traumfrau viel näher als aufgekratzte Meet-and-Greet-Partys mit den Pussycat Dolls? Der Vorteil von Traumfrauen besteht ja in ihrem dunstigen Fernsein, und es ist der Fluch meines Lebens, dass ich journalistischerweise dauernd die Flammen meiner Jugend interviewen muss, worauf sie zuverlässig verlöschen.

Frauen wissen das besser. Nicht erst seit «Brücken am Fluss» ist der Traummann der, der nicht bleibt. Welche Frau will schon dauerhaft mit George Clooney das Bett teilen, womöglich in der Grippezeit, wo er krächzend auf der Bettkante hockt, schnotternd und schnaubend, und am Ende auch noch nachguckt, ob der Schleim tatsächlich so grün war, wie er klang. Traummänner sind immer bloß Zutaten einer traumhaften Atmosphäre. Frauen kombinieren ihre Traummänner gerne mit Traumrestaurants, wo sie, graziös in Traumkleidern sitzend, Traumessen serviert bekommen. Der Unterschied zum anderen Geschlecht ist erheblich.

Mir wäre det alles so wat von egal, ob ich mir mit meine alte graue Jogginghose und im schon stellenweise etwas butterfarbenen Feinrippunterhemd auf'n Sofa fläze, wenn sich Salma Hayek (tolles Haar, tolle Augen) an mich kuschelt. (Der aufmerksame Leser wird es schon bemerkt haben: Ich hab's nicht so mit den Langbeinigen. Obwohl es züchterisch Sinn machen würde, das mal rauszukreuzen. Na ja, soll Söhnchen sich halt beim Fernsehballett umgucken.)

Das schlimmste Problem ist aber, dass Manner beim besten Willen nicht sagen können, wie das Bild ihrer Traumfrau in ihr Schmachtzentrum gelangt ist. Plötzlich ist es da in seiner ganzen Rätsel- und Petitessenhaftigkeit. Traumfrauenmäßig ist kein Mann Herr über sich selbst. Er führt nur ein Programm aus, das er nicht geschrieben hat. Frauen gehen in die Irre, wenn sie meinen, auf einer Party von einem Mann angesprochen zu werden. Richtig müsste es heißen: Sie werden von etwas in Gestalt dieses Mannes angesprochen.

Was es ist, vermag ich nicht zu sagen. Evolutionäre Instinkte? Frühkindliche Prägungen? Sind es unerinnerte Geschichten von einem Mädchen mit großen braunen Augen, das mich einst hold aus einer Menge von Unholden rettete, die gerade meinen Ranzen mit mir zusammen auskippen wollten? Unglückliche Liebesgeschichten meines Urururahnen, den ein gequälter brauner Blick aus einem vorbeiwehenden Hochzeitsschleier traf, ein über Generationen weitergereichter Auftrag? Keine Ahnung. Aber ich hätte gern mehr Details erfahren. Zum Beispiel, was das alles mit mir zu tun hat. Mit meinem Traumfrauenbild bin ich jedenfalls ganz schön Achterbahn gefahren.

Meine skurrilen Vorlieben für braune Augen, zweisilbige Vornamen mit einsilbigen Nachnamen, für Lücken zwischen den Schneidezähnen, für Frauen, die sich auf Sessellehnen setzen, als wenig zielführend zu bezeichnen ist schon sehr euphemistisch ausgedrückt. Der Grund ist einfach der, dass sichtbare und nicht sichtbare Eigenschaften bei der Partnerwahl nicht sehr stark miteinander korrelieren. Es braucht ein paar Umzugsunternehmen oder Familiengerichte, bis man die nicht sichtbaren Traummaße schätzen lernt. Dann wandert der Blick von der Ausklappseite mit dem «Playgirl des Monats» langsam, aber unaufhaltsam auf die Wandtafel mit der «Mitarbeiterin des Monats». Dann ist die Gefahr vorbei.

EINFACH MAL MIT DRAN DENKEN «Denk dran, dass wir heute Nachmittag bei Lindemanns zum Kaffee eingeladen sind», sagt meine Frau und gürtet ihren neuen Kurzmantel vor dem Spiegel zu. Sie spricht es in einem mahnenden Ton wie der Kirchenvater Tertullian, dass wir eines Tages alle zu Lindemanns zum Kaffee eingeladen werden, wenn wir nicht aufhören zu sündigen.

«Klar doch!», sage ich. Ich denk aber gar nicht dran, dran zu denken, weil meine Frau mich heute noch dreimal daran erinnern wird, nicht zu vergessen, dass ich dran denken soll. Meine Frau erinnert mich nämlich gerne. Das ist nicht ungewöhnlich, denn die Darreichungsform der ehelichen Zuwendung in Langzeitbeziehungen ist der Imperativ. Am liebsten habe ich meine Frau, wenn sie sagt: «Hilf mal mit dran denken, dass wir bei den Lindemanns zum Kaffee eingeladen sind!» Das ist clever. Sie appelliert nicht nur an mein Gedächtnis, sondern auch noch an meinen Beschützerinstinkt. Ich stell mir dann immer vor, dass meine Frau es alleine nicht schafft, weil der Kaffee-Termin bei den Lindemanns entweder so flüchtig ist wie das Element «Darmstadtium» mit der Ordnungszahl 110 im Periodensystem oder so geheim, sodass meine Frau sich nur «Kaffee» merken darf und ich «bei den Lindemanns». Für den Fall, dass wir entführt und mit Schlagermusik gefoltert werden. Aber natürlich denk ich dann immer noch nicht dran. Ich kenne meine Frau. Ich bin doch nur der Kratzbaum, an dem sie ihr Erinnerungsvermögen schärft. Es ist die pure Verschwendung von Ressourcen, wenn zwei Leute an ein und denselben Termin denken, zumal, wenn sie ihn auch noch gemeinsam wahrnehmen.

«Denk mal wirklich dran», sagt meine Frau jetzt, weil sie mich natürlich auch kennt und weiß, dass Äußerungen wie «Klar doch!» für einen Mann keinerlei Verpflichtungscharakter haben, sondern – vertragsrechtlich gesehen – nur so was sind wie stärker modulierte Atemgeräusche. Was sie mir eigentlich sagen will, ist, dass ich in Gedanken bei meiner Familie sein soll und nicht sonst wo.

Da hat sie leider recht, denn dadurch, dass sich meine Frau alle unsere Termine merkt und manchmal sogar noch meine dazu, bin ich memotechnisch etwas unausgelastet. Ich könnte mir zum Beispiel locker die Pediküretermine von meiner Gartennachbarin Omi Schneider merken. (Fiele mir auch leichter, weil sich das fade Kaffeetrinken mit den Lindemanns bei weitem nicht so plastisch einprägt wie zwei ächzende Kosmetikerinnen, die Omi Schneider die Hornhaut vom Hacken fräsen.) Weiß nur nicht, ob sie darüber froh wäre. Man will ja auch nicht von jedem erinnert werden.

Der Kronsohn zum Beispiel möchte nicht von uns an die Mathe-Klausur erinnert werden, für deren Verdrängung er so viel Kraft aufwendet, dass zum Lernen keine mehr übrig ist. «Erinnere mich doch mal an was wirklich Wichtiges!», klage ich etwas ertappt. «Nie sagst du ‹Vergiss bitte nicht, wie wir einmal nackt in dieser einsamen Bucht in Kroatien gelegen haben!› oder ‹Trage dir bitte unbedingt ein, wie schön mein Haar im nächtlichen Passatwind auf Lanzarote wehte!›»

Meine Frau dreht sich noch einmal vor dem Spiegel, ob der Kurzmantel wirklich zu ihren nur mittellangen Beinen passt. «Wenn ich glauben würde», antwortet sie, «dass du das vergessen könntest, würde ich mir einen anderen Mann zum Erinnern suchen.»

EINGESESSELT «Dieser verfluchte Sessel!», fluchte Vadder und sank ohnmächtig wieder zurück. Immer wieder fiel Vadder auf den heimtückischen Sessel herein. Breit und einladend stand er im Wohnzimmer neben der Couch, verhieß Ruhe und Entspannung nach einem arbeitsreichen Leben, aber wenn Vadder erst mal drin saß, gab der Sessel ihn nicht wieder her. Eine Altenfalle, von arglistigen Polsterern mit extraweicher und tiefer Mitte gebaut. Einzig geeignet, um Räubern das Handwerk zu erleichtern, die nichts weiter tun mussten, als Vaddern mit einem Fingertipp in den Sessel zu schubsen, um dann unbehelligt – bis auf das Gezeter des Sesselinsassen – die Wohnung bis auf ebenden Sessel ausräumen zu können.

«Man kommt ja nicht mal an seine Tabletten ran!», entrüstete sich Vadder, von dem nur quasi noch der Kopf, die Arme und die Beine zu sehen waren. Nur einen halben Meter entfernt auf dem Tisch, aber unerreichbar für Vaddern stand das Medikamentenkarussell, aus dem all die Pillen herausgefahren kamen, die Vadderns Vitalfunktionen Struktur und Rhythmus gaben.

«Gib mir doch mal die gelb-blaue Kapsel rüber. Ich glaube, ich sollte schon wieder eine nehmen», orderte Vadder, der eine Schwäche für hochdosierte und nebenwirkungsstarke Medikamente hat. «Vadder», sagte ich zu Vaddern, «ich bin hier, um dich wieder in die Gänge zu bringen.»

Vadder war seit zwei Tagen aus dem Krankenhaus raus, und seitdem rotierte Mudder beim Laufen um ihn herum, damit er nicht nach vorn, nach hinten oder zur Seite abkippte.

Aber jetzt war ich ja da. Ich hatte meinem Sohn das Laufen beigebracht, warum nicht auch meinem Vater? Es gab allerdings zwei Unterschiede. Erstens: Mein Sohn wollte laufen lernen. Vadder hingegen: «Ach, Gehen. Das ist doch was für junge Leute! Reich mir mal die Fernbedienung für den Fernseher!»

Zweitens: Wenn mein Sohn mal hinplumpste, stand er wieder auf. Wenn Vaddern jetzt hinplumpste, würde er erst am Jüngsten Tag wieder aufstehen. Also Vorsicht. Ich reichte Vaddern meine Hände. «Zieh dich mal hoch!», sagte ich. Vadder legte seine Hände matt in meine und sah mich eine Minute verkniffen an. «Zieh dich mal ho…hooch!», sagte ich noch mal. «Mach ich doch schon. Ich zieh ja wie ein Verrückter», grimmte Vadder.

Aha. Von der Muskulatur war also nur noch das Mus übrig. Wir mussten bei null anfangen zu üben. Nach zehnmal Zeheneinrollen aber bockte Vadder schon. Was die «Schinderei» solle, und er wolle ja nicht zu Olympia. Als Nächstes war das Rollgestell dran, auf das er sich anstelle seiner zerbrechlichen Gattin stützen sollte. «Niemals! Das ist was für alte Vetteln!», trotzte Vadder und ließ sich absichtlich in den Abgrund des Sessels fallen, um nie wieder daraus hervorzukommen. Ich rollte den Rollator frustriert aus dem Zimmer. «Will nicht», sagte ich zu Muddern, die in der Küche über den Zwiebeln weinte. «Versteh ihn doch. So ein Kerl, und jetzt kann er nicht mal mehr Auto fahren.»

Ich nickte lange grübelnd stumm, dass es schon ein bisschen wie Hospitalisieren aussah. Zwei Tage später stand Vadder stolz am umgebauten Rollator und ließ sich von mir die Griffummantelung («für mehr Biss in den Kurven») und die Mehrklanghupe erklären. «Mudder, also das hier ist wichtig für dich», tönte Vadder und hupte einen Dreiklang, «das heißt, ich komm jetzt zum Essen in die Küche.»

«Na, dann weiß ich ja, wann ich die Kartoffeln aufsetzen kann», meinte Mudder fröhlich.

BEINAHTODERFAHRUNGEN Zu meinen größten Ängsten zählt ja, doof zu sterben. Ich halte in vollen Aufzügen immer meinen Schlips fest, wenn ich dicht an den automatisch schließenden Lifttüren stehen muss, weil ich meinen Nächsten bei der Identifizierung nicht die Zunge herausstrecken will. Ich rauche beim Autofahren keine Pfeife oder halte große Porzellanschüsseln mit Kartoffelsalat vor der Brust, weil ich nicht möchte, dass der Airbag auch gleich einen Erbfall mit auslöst.

Nun wird manch ein Leser, der im Sommerwind am Baggersee diese Kolumne liest, sich wegen so viel Übervorsicht an den Kopf fassen und dabei den nur lose mit der blanken Spitze in den Sand gerammten Sonnenschirm zwanzig Meter entfernt nicht bemerken, der bei der nächsten heftigen Böe zwischen seine Schultern ... Ich weiß, wovon ich rede. Ich habe zumindest Beinahtoderfahrungen. Beinahtoderfahrungen unterscheiden sich von Nahtoderfahrungen vorteilhaft. Nahtoderfahrungen sind ja eher nicht so doll, man schwebt ein bisschen über sich herum oder guckt in weißes Licht, und ich möchte nicht wissen, wie viele Kandidaten dabei wirklich vor Langeweile gestorben sind.

Bei Beinahtoderfahrungen gleicht dagegen keine der anderen, und alle sind volle Pulle dramatisch. So auch meine letzte. Wir waren in Italien, um uns persönlich davon zu überzeugen, dass die Cinque-Terre-Bergdörflein tatsächlich so «pittoresk» sind, wie alle sagen. Es stimmt. Total pittoresk. Wir konnten wieder abreisen. Vorher aber stolperten wir noch ein paar hundert Meter bergab zur Felsbadebucht, die geheimtippmäßig übervölkert wie ein Robbenstrand bei Orca-Alarm war.

Vor uns schwarze Felsen, von denen junge Hüpfer ins kristallblaue Wasser hüpften, um sich den zum Teil sehr ansehnlich herumliegenden Frauenspersonen zu empfehlen, zu denen meine Frau zu zählen ich die unbedingte Veranlassung hatte. Normalerweise halte ich ja meine Mutprobenphase für abgeschlossen (ich ziehe sogar nachts beim Pinkeln an der Landstraße meine Reflektorweste an), aber irgendwie zwickte mich der Blick meiner Liebsten auf die nur mäßig tollkühn im Schlusssprung in die Tiefe rauschenden Italo-Boys. Ich kraulte lässig zum Felsen und kletterte zu meiner Überraschung dann doch eher unbehände hinauf. Ich schnürte meine Badehose fest und winkte kurz.

Dann sprang ich meinen unglaublichen Salto, der mich schon im legendären Sommer 1979 mit so unerreichbarer Einzigartigkeit umhüllt hatte, dass alle anderen anwesenden Jungs über kurz oder lang in Angelvereine eintraten oder sich wieder ihren Chemiebaukästen zuwandten. Ich schlug nach einer halben Drehung zu viel (irgendwas an der zu beschleunigenden Masse musste sich geändert haben) mit dem Rücken auf und versank.

Als ich wieder hochkam, waren komplett alle Badegäste aufgesprungen und starrten mich entgeistert an. Der Effekt schien also noch zu funktionieren. Ich kraulte schmerzlachend zurück, wo mich meine zu Tode erschrockene Frau aus dem Wasser zog. «Du wärst um ein Haar auf dem Felsen aufgeschlagen», flüsterte sie kurzatmig, und ich blickte entfärbt zurück. «Ich wollte nur probieren, ob ich es noch kann», entschuldigte ich mich, aber meine Frau warf mir ein Handtuch zu und meinte böse:

«Du hättest nie erfahren, dass du es nicht mehr kannst. Nur wir!» Ich legte mich nieder und genoss tief atmend mein zerbrechliches Leben vor einem durch und durch pittoresken italienischen Bergdorf.

DAS NEFFENTREFFEN Mit Nichten kann ich mitnichten prahlen, gerade mal eine habe ich, aber Neffen habe ich so viele, dass ich sie in Gruppen einteilen muss. Neffengruppe Nord, Neffengruppe Mitte, etliche kleinere Leibneffenverbände eingeschlossen. Egal, wohin ich in Deutschland komme, immer steht irgendwo ein Neffe rum, fächelt verlegen süßlichen Rauch aus dem Fenster, beteuert, wie besessen zu studieren, und fragt, zu Boden blickend, ob ich ihm mal irgendwas um die hundert Euro borgen könne, die ich gleich morgen, spätestens aber irgendwann mal nach meinem Tod zurückkriegen würde.

Das Gute an Neffen ist, dass man bei ihnen stets eine – wenn auch nur halbherzig entseuchte – Tasse türkischen Kaffees bekommt und ein halbes Stündchen über das Leben palavern kann. So kam ich unlängst mit einem Neffen auf den drohenden Führerscheinentzug zu sprechen, den dieser sich mit etlichen gut dokumentierten Schnellfahrten durch nächtliche Straßen zugezogen hatte. Er war zerknirscht, und ich hielt es für meine vornehmste Aufgabe als Onkel, ihn zu trösten. «Ach», sagte ich, «so was passiert, wenn man jung und bedenkenlos ist. Dein Vater musste als Student auch mal ein halbes Jahr zu Fuß gehen.» Der Neffe zeigte sich über das Vorleben seines Vaters absolut uninformiert und rückte spontan sogar noch die Kekse raus, die ihn eigentlich über die Woche ernähren sollten.

Also hub ich an, ihm zu berichten, wie einst sein

Erzeuger des Trunkes voll in einem viel zu langsam vor sich hin rollenden Trabbi von einer Streife gestellt wurde und mit ihr in ein Handgemenge geraten war, weil er die Buddel Zitronenschnaps «Timms Saurer» partout noch vor der Beschlagnahme aussüffeln wollte.

Dem Neffen ward gleich leichter ums Herz. Drei Stunden später klingelte mein Handy, als wolle es von selbst rangehen. Meine Schwester war dran, um mir die Verwandtschaft zu kündigen. Die Erziehungsarbeit von Jahren hätte ich zerstört, für eine – übrigens unerhebliche – Anekdote. Das sei eines Bruders unwürdig.

Ich entgegnete: «Ein Onkel aber darf das!» Das führte uns sogleich zu einer wichtigen Frage. Was ist eigentlich der Onkel für einer? Auf wessen Seite steht er? Ist er nur so was wie ein Hilfscowboy, der an der Flanke seines Verwandtschaftsgrades die jungen Kälber der Geschwister in Richtung Lebenserfolg treibt? Oder ist er der Elefant des Teufels, der die tragenden Mauern wichtiger Familiengeheimnisse im Vorbeigehen umrempelt? Ist er nicht eher die berühmte zweite Meinung, eine Art Gegenöffentlichkeit gar, Fleisch gewordene Familien-Glasnost?

Ich fand es früher schon empörend, dass Kindergartenkindern die Gefahren der Vertrauensseligkeit mit dem Verweis auf «fremde Onkels» beigebracht werden und somit das hohe Amt des Onkels beschmutzt wird. (Nie wäre mir eingefallen, die derangierten Damen, die letztens meinen allein fernreisenden Sohn mit Schnaps und Einsamkeitsgeschichten dazu motivieren wollten, sie zu drücken und hier und da zu prüfen, als «Tanten» zu bezeichnen.)

«Der Onkel», belehrte ich meine Schwester, «wird heute mehr gebraucht denn je. Gelassen steht er zwischen den angestrengten Eltern und den gleichgültigen

Erziehern und damit hoch über ihnen. Er nimmt Anteil, ohne zu verzweifeln.» – «Denn kannste ja seine MPU bezahlen», sagte meine Schwester und schmiss auf.

WER KRIEGT DIE FREUNDE? «Der Zusammenbruch der Bewunderungsfähigkeit beim Weibe kommt für den Mann in den mittleren Jahren oft überraschend. Gerade wenn er Bewunderung am meisten braucht, um die irreparable Verformung seiner Figur und die bedauerlichste Verschiebung seines Schläfrigseins von gleich nach dem Sex zu einer Zeit weit vor alledem vergessen zu machen, versagt ihm die Partnerin ebenjene leuchtenden Augen und den zum Staunen geöffneten Mund, die so viele Jahre ihr Antlitz veredelten, wann immer er in ihren Gesichtskreis trat und das Wort an sie richtete. Nimmt es da wunder, wenn solch ein Mann über kurz oder lang dem Werben fremder bedenkenloser Damen, die ihm diese so schmerzlich vermisste Bewunderung überreichlich entgegenbringen, einmal nachgibt, und sei es auch nur, um ihr schier unerträglich gewordenes Drängen für den Moment zufriedenzustellen? Und kann eine solche flüchtige, bedeutungslose Episode für die (ich machte Doppel-Häkchen mit den Fingern) ‹betrogene›, Frau nicht auch Einsicht und Besserung bedeu...»

Der Rest meiner Rede ging im Kreischen der Kaffeemühle unter, die meine Frau rücksichtslos angeworfen hatte. «Du brauchst Jörn nicht mehr zu verteidigen!», sagte sie knapp, als das Mahlwerk seine Arbeit getan und sie das gefüllte Kaffeesieb in den Espressoautomaten geriegelt hatte. «Es ist vorbei. Sie trennen sich.»

Ich legte meine Hände im Schoß zusammen und klopfte ratlos die Daumen gegeneinander, wie es mein Vater immer tut, um sich fit zu halten. Nicht gut, gar nicht gut. Jörn sollte beim Sommerfest grillen, auf Cremetopf-Daniela konnte ich unter Umständen verzichten. Aber Cremetopf-Daniela (muss ich den Spitznamen wirklich erklären?) war eine alte Freundin meiner Frau, und da würde wohl der zugeheiratete Jörn draußen bleiben müssen. Es ist doch so: Wenn Bekannte sich trennen, gilt es: Wer kriegt das Kind, das Haus und nicht zuletzt – die Freunde?

Während die ersten beiden Fragen noch halbwegs von den Betroffenen selbst geregelt werden dürfen, wird Letzteres von den Freunden entschieden. Also von uns. Und Cremetopf-Daniela (ich hatte in besseren Jahren sogar Jörns Gewichtszunahme auf die kalorienreichen Küsse mit seiner stets eingefetteten Gattin zurückgeführt) hatte nun einmal die älteren Rechte.

«Ich finde Daniela unmöglich», hörte ich mich mit der Stimme meiner Frau sagen und fuhr aus dem Grübeln auf. «Duuuu findest Daniela, deine ur-alte (ich bemerkte, dass im Beiwort ein mehr ins Optische weisender Unterton mitschwang) Freundin unmöglich?», fragte ich verdattert zurück. «Der arme Jörn», fuhr meine Frau ungerührt fort, «sie hat ihm das Leben zur Hölle gemacht mit ihren Allüren. Wir sollten ihn wirklich trösten, wenn er zum Grillen kommt.»

Ich lobte meine Frau für ihre hochwertige Entscheidung, gab aber zu bedenken, dass ein Bruch mit der Altersregel bedeuten könne, dass Jörns nächste und dann vielleicht auch mal wieder Ex-Freundin noch besser zu uns passen könne als der bei dieser Trennung bevorzugte Jörn.

«Das mache ich davon abhängig, ob sie besser zu mir oder zu dir passt», antwortete das Weib und stellte freundlich den Cappuccino vor mir auf den Frühstückstisch.

PUBI SAGT: DU! Ja, man kann auch kognitiv ausgestöpselte Pubertisten in angewandter Mathematik unterrichten. Die Rechenbeispiele müssen nur lebensnah genug sein. Hier ist eins: Das Verhältnis von Duschdauer zu duschendem Körperumfang ist umgekehrt proportional.

Mein alter Vater, eigentlich schwierig zu umduschende zwei Zentner dank Bier und einer Schwäche für fettklöterige Leberwurst, braucht fünf Minuten. Der Endunterzeichnende, 72 Kilo dezent verhüllte Kraft, Sixpack im Speckmantel, schafft denselben Vorgang in zehn Minuten. Wie lange also benötigt der Kronsohn, um seine kaum schon Körper zu nennende Computerspielbedienvorrichtung zu begießen? Zwanzig Minuten! Zwanzig Minuten blockiert der Pubi das Badezimmer, während sich der Rest der Familie im Gästeklo überm Winzbecken mit einem feuchten Lappen abreiben darf.

Wahrscheinlich duscht er gar nicht, sondern schnorchelt noch eine Runde auf dem Läufer, während die Wasseruhr sich gnadenlos in Richtung Armut dreht. Wir wissen es nicht, denn der heilige Pubikörper wird hinter verschlossenen Türen gewässert. Im Gegensatz zu so viel Dusch-Sorge werden bei der Kleiderwahl jedoch Jahreszeit und Thermometerstand ignoriert. An diesem Morgen erscheint der Spross meiner Lenden wie immer mit dem T-Shirt des Monats, welches zusammen mit der offiziellen Halbjahreshose als Schuluniform hinreichen muss.

Er ist gut geduschte fünfzehn und auf dem Weg von der ewigen Müdigkeit zur ewigen Mündigkeit. Ich sage so beratend, wie es nur geht: «Es ist kalt, Sohn. Ich würde was Warmes anziehen!» Pubi sagt: «Du.» Ich lege die Latte des nichtdirektiven, minimal invasiven Entscheidungsmöglichkeitenangebots noch mal tiefer: «Es soll regnen. Alle Menschen ziehen sich bei Regen was Warmes an.» Pubi sagt: «Ich bin nicht wie alle.»

Ich verweise mit grimmigem Humor auf die Geschichte vom Ötzi, der vor 5000 Jahren auch einmal nicht auf seine Eltern hören wollte und zu leicht bekleidet in einer Gletscherrinne starb. Achselzucken. Dann klappt die Tür. Ich bleibe zurück. Dies ist also die schlimme Phase, wo die überlegene elterliche Führung einer etwas irre wirkenden jugendlichen Selbstbestimmung weicht. Warum aber habe ich all diese kostbaren Lebenserfahrungen wie «Mädchen mit süßen Pausbacken werden schnell faltig» oder «Das Überleben von ungebremsten Auffahrunfällen mit einem Motorrad klappt in jeder Familie nur ein einziges Mal pro Erdzeitalter!». Doch nur, um meinem Sohn das mühsame Ausprobieren zu ersparen!

Ich gehe ans Fenster und beschwöre die Elemente, statt meiner zu wüten. Ein plötzlicher Eissturm vielleicht? Einer, der den hochnäsigen Pubi bibbernd hinter einem Straßenlampenpfahl zusammenkauern lässt, während er unaufhörlich das Mantra «Ach, hätte ich doch bloß auf meinen weisen, gütigen, alles schon mal erlebt habenden Vater gehört!» mit seinen Zähnen klappert.

Aber nix da, das Wetter bleibt klar. Das wird den Sohn freuen. Das Vatergespenst hat umsonst mit den Kausalketten gerasselt. Was, wenn er herausfindet, dass es diese Kausalketten gar nicht gibt? Dass Kälte nix mit Erkältung und Mathe-Lernen nix mit einem späteren glücklichen Leben zu tun hat. Und kann man überhaupt Vater sein, ohne kluge Ratschläge zu geben?

GLITZERKRALLEN Die Chinesen arbeiten von früh bis spät. Aber nicht an ihrer deutschen Aussprache. «Zwwuai Uoowai uai Wia?», fragte die chinesische Kassiererin freundlich am Tresen zurück, und ich entschied mich, erst mal unsicher zu nicken. Lieber egalweg alles nehmen, was sie mir anbot, anstatt das Silbenrätsel noch eine weitere Rückkopplungsschleife durch die stille Post zu schicken. Da kann schnell mal aus einem Glas Milch ein Glas Melamin werden. Und hinter mir warteten ja noch Leute.

Ich bekam dann aber doch zwei Rotwein und ein Bier. Michi und ich saßen in der Ginseng-Klause und begannen, M 7 und M 11 aufzuspachteln (M steht wahrscheinlich für Mononatriumglutamat, ich flammte nämlich rot auf wie Jungfer Tausendschön bei einem Kompliment). «Die gastronomische Ausbreitung der Asiaten kann man noch einigermaßen mit dem schnellen Hunger erklären», meinte Michi mampfend zwischen zwei Pak-Shoi-Strünken, «aber das eigentliche Rätsel sind diese überall hochkommenden Nagellackierereien, diese American-Style-Beauty-Dream-Nail-Shops. In den verlassensten Ecken, wo gerade die Horrorfilm-Videothek aufgeben musste, sitzen plötzlich vom Lacknebel schon ganz benommene Vietnamesinnen und wollen deutsche Fingernägel mit irgendwelchen Glitzerwappen bepinseln. Das kann sich doch nicht rechnen», flüsterte Michi schließlich und sah sich um, als hätte er das bestgehütete Bilanzgeheimnis der asiatischen Triaden im Vorübergehen gelöst und müsse demnächst in Frauenkleidern außer Landes fliehen.

«Vielleicht sind fein gelackte Fingernägel, was vor zwanzig Jahren die Reisefreiheit war – ein allzu lange unbefriedigtes Urbedürfnis», erwiderte ich, «früher gab's doch nur dieses dickflüssige Hydrantenrot, das sich nur ausgesprochene Nymphomaninnen auf die Zehen zu tünchen trauten.» – «Klingt einleuchtend», lobte Michi mich, «Fingernägel sind gut zu sehen, schnell und vergleichsweise preiswert geschmückt. Und: Der Fingernagel ist der einzige Körperteil, der nicht dick wird!»

Neben uns betrachtete eine gut ausgepolsterte Mittfünfzigerin abrupt ihre winzigen Fingerspitzen, die tatsächlich die letzten Überbleibsel ihrer einstigen Gestalt zu sein schienen. Dann gabelte sie, zehn Sorgen weniger, munter weiter Reis in sich hinein. «Andererseits», sprach ich leise, den Seitenblick wieder zum Michi eindrehend, «machen exzellent gearbeitete Fingernägel nur unnötig auf die mangelnde Exzellenz des Restkörpers aufmerksam.» Wir freuten uns still in unsere Teller hinein, über denen nun die Aura männlichen Esprits zu funkeln schien.

«Aber tolle Glitzerkrallen können auch seelische Schmerzen überdecken», sagte Michi schließlich und deutete auf meine sorgfältig abgefressenen Fingernägel. Ich erklärte ihm unter großem Bedauern, dass die Weltfinanzkrise und der nahe Zusammenbruch der globalen Marktwirtschaft sowie der dazu ja wohl wieder mal passend von Nostradamus angekündigte Weltuntergang im Jahre 2012 mich erneut in den Bannkreis der Knabberfreunde zurückgestoßen hätten.

«Da hilft nur eine komplette Neumodellage für 17,50 Euro in der Nagelbudike im Bahnhofsviertel», grinste Michi, und ein weiterer Schleier hob sich von den Geheimnissen der Alltagswelt.

SCHRECKLICH ODER SCHRECKLICH MÜDE Meine Hausschuhe liegen unter dem Schrank, und der Schrank hat kurze Beine. Um sie wieder hervorzuholen, müsste ich mich auf den Boden legen und ächzend mit einem Feuerhaken zwischen den Wollmäusen nach den Hausschuhen angeln. Aber das werde ich nicht tun. Denn ich habe sie da nicht hineingefeuert, sondern die Trollprinzessin. Nur, weil ich ihr verboten habe, so spät noch dem smarten Madenfresser Bear Grylls beim Überleben auf DMAX zuzugucken (es kommt immerhin schon Werbung, wo Frauen angerufen werden wollen).

Jetzt steht ihre Oberbosheit höchstpersönlich mit verschränkten Armen in der Diele, stampft mit dem Fuß auf und streckt mir die Zunge raus. Sieht mir doch alles in allem nach einem klassischen Wutanfall aus. Stimmt aber nicht. Denn gerade, als ich meine Hände in die Hüften stemme, damit sie mir nicht ausrutschen, und ein «Mein liebes Fräulein ...» in Frontlautsprecherstärke anstimme, sagt meine Frau: «Lass sie mal. Sie ist müde!»

In den Augen meiner Frau ist die Trollprinzessin entweder brav oder – müde. Und zwar je nach Tageszeit entweder noch müde oder schon wieder müde. Die Trollprinzessin hat nämlich schon einmal aus Müdigkeit meine Morgenzeitung zerrissen. Manchmal knallt sie auch müde mit den Türen, schreit müde «Ihr seid alle blöd!» und schließt sich müde im Bad ein.

Um nicht zu streiten, stelle ich mir vor, welchen

Verlauf die Weltgeschichte genommen hätte, wenn James Cook im Jahre 1769 mit meiner Frau an die Küste Neuseelands gesegelt und dort am Ufer auf stampfende, augenrollende und zungebleckende Maori getroffen wäre. «Um Gottes willen, Mylady!», hätte James Cook gesagt, nachdem er das Fernrohr an meine Frau weitergereicht hätte. «Haben Sie eine Erklärung für dieses schauderhafte Verhalten?» – «Sire», hätte meine Frau geantwortet, «ich glaube, diese Menschen sind einfach furchtbar müde.» James Cook wäre beruhigt gewesen, und wir hätten nie wieder was von James Cook und meiner Frau gehört, weil die Maori natürlich die beiden samt der Crew gegrillt und zu Abend gegessen hätten.

Trotzdem darf man die Müdigkeitsthese nicht vorschnell verwerfen. Sie ist der Gipfel hinterlistig-mütterlicher Verständniskunst. Sie macht aus Fehlverhalten einen physischen Verfallsprozess. Böser Wille liegt nicht vor. Wer unhöflich ist, dem fehlt einfach die Kraft.

Es wäre zu prüfen, ob man jugendlichen Rowdys im ÖPNV nicht auch auf diese Weise entgegentreten kann. Anstatt sich mit einem zivilcouragiert geschnarrten «Aber sofort die Zigarette aus!» von irgendwelchen überreizten Yusufs und Dragos in die «Bild»-Zeitung treten zu lassen, könnte man doch mit den coolen Waggonrauchern ins Gespräch darüber kommen, dass es «doch ein langer Tag war» und wie schön es wäre, wenn man jetzt «erst mal ein bisschen die Beine hochlegen» könne, und hier neben einem wäre ja Platz, und natürlich hätte man nichts dagegen, wenn Yusuf einem seinen Kopf auf den Schoß lege, und ob er denn das Lied «Wenn alle Brünnlein fließen …» kenne.

So macht es jedenfalls meine Frau mit der Tochter jetzt, und ich habe derweil Zeit, meine Puschen unterm Schrank hervorzuholen.

BESSER ALS TABLETTEN Es gibt so Tage, von denen einem schon die Morgenstunden abraten. Auf der Waage: Wo kommen plötzlich diese zusätzlichen Kilo her? Liegt es daran, dass ich mich noch nicht rasiert habe? Gibt es lokale Schwankungen in der Erdanziehungskraft? Und dann im Spiegel das freigelegte Grinsen: Hier war doch früher noch Zahnfleisch? Vorsichtiger putzen, sonst purzeln nachher die Schneidezähne aus den Knochentaschen. Die Altersflecken auf dem Handrücken entpuppen sich Gott sei Dank als Dreck. Meine Fußnägel sehen grau und schartig aus wie auf den Fotos, auf denen immer ein Zettel an der großen Zehe hängt.

Im Beruf läuft es auch nicht so. Die Frau surft im Internet durch Partnersuchprogramme. Nur so aus Spaß, sagt sie abwesend. Ich warte seit drei Monaten auf Überweisungen. Es ist November. Ich muss dringend mit meiner älteren Schwester telefonieren. Meine ältere Schwester wirkt stimmungsaufhellend. Ich gehe zum Telefon und lasse die Impulswahl ein kleines Liedchen piepsen. «Hier ist dein Bruder», sage ich, «wollt mal hören, wie es dir so geht.» «Frag lieber nicht», antwortet meine Schwester erwartungsgemäß, «ich hab schon seit Wochen dieses Augenzucken. Ich kann den Monitor auf Arbeit schon nicht mehr richtig erkennen. Weiß gar nicht, was ich machen soll. Wenn ich nur Leinsamenschrot und Stangensellerie esse, geht das Augenzucken weg, aber dann kriege ich Aufstoßen. Du machst dir keinen Begriff.»

Mir geht es schon deutlich besser. «Wie oft zuckt es denn in der Minute?», erkundige ich mich. «Keine Ahnung. Vielleicht zwanzigmal. Man kommt ja beim Zählen völlig durcheinander bei dem Gezucke.» – «Hab Geduld. Wenn es schlimmer wird, wird es besser», sage ich ihr mit buddhistischer Rätselhaftigkeit, «bei hundert Zuckungen pro Minute wird das Bild wieder klar. Dann passen die Frequenzen wieder aufeinander.»

Meine Schwester verleiert jetzt am anderen Ende der Leitung ihre zuckenden Augen. «Na toll. Und was mache ich bei meinem Mann», fragt die Schwester, «soll der hundertmal in der Minute hintereinander die Tür reinkommen oder alle 0,6 Sekunden den Pfannkuchen wenden, damit ich ihn störungsfrei erkenne?»

Dann seufzt sie. «Aber ich sag immer: Uns geht's noch Gold. Von deines Schwagers Freund der Halbbruder, der hat wirklich Pech. Seine Frau ist mit seinem Kumpel durchgebrannt, als er wegen seiner Krebserkrankung arbeitslos wurde. Das musst du dir mal vorstellen: Gesundheit weg, Arbeit weg, Frau weg, und dann kannste nicht mal zu deinem Kumpel gehen, um dich auszuheulen! Vom Nachbarn der Sohn ist jetzt offiziell tablettensüchtig. Gut, dass seine Mutter seit dem Unfall im Koma liegt und nichts davon mitbekommt. Und meine Nordic-Walking-Trainerin hat sich elf Uhr nachts beim Katzerufen aus der eigenen Wohnung ausgeschlossen. Hat so lange im Unterkleid auf der Straße gestanden, dass sie beinahe Prostituierte geworden wäre. Und bei euch?»

Ich atme durch. Das Leben ist schön. «Ooach», sage ich, «uns geht's richtig gut. Ich habe sogar ein bisschen Wohlstandsspeck angesetzt. Und ich komme jetzt besser mit der Zahnseide zwischen die Zähne. Auf Arbeit habe ich mal einen Gang zurückgeschaltet. Meine Frau sitzt nicht mehr so viel vorm Fernseher. Und ich erwarte viel Geld. Ach, es ist einfach herrlich!»

ZU EINEM COUCHTISCH GEHÖRT EIN FORMSLIP!
Im Internet auf Miedersuche. Walking through a Winterwonderbraland. Ich hätte die Cookies deaktivieren sollen. Nun aber petzt die Webseite: Kunden, die sich für Formslips mit Bauchstraffer interessieren, interessieren sich auch für Couchtische mit Glaseinlage. Das wusste ich nicht. Macht aber Sinn. Klingt nach Bürokauffrauendrama. Volle Pulle Stress übers Jahr, kaum Pausen. Alles nur, um das Geld für diesen entzückenden Couchtisch mit Glaseinlage zu verdienen. Immer schnell mal einen Schokoriegel oder ein Marzipanhörnchen oder ein paar Kekse zwischen zwei Meetings, und das hat sie nun davon. Vorm Spiegel: zweifingerdick feinen weißen Wabbel angesetzt. Was, wenn der Mann nach dem weinseligen Abend am tollen neuen Couchtisch zur ehelichen Pflicht schreiten möchte? Wie steht sie denn dann da? Ohne Formslip! Also mitbestellt.

Doch zu kurz gedacht. Denn bei Figurwäsche fällt zum Schluss ja alles wieder auseinander. Du gehst mit Madonna ins Bett, und nach drei Handgriffen liegt Marianne Sägebrecht vor dir. Das werde ich nicht kaufen. Hat meine Frau auch gar nicht nötig. Wenn jemand das Gesäß meiner Liebsten formt, dann nur des Endunterzeichnenden starke Hand. Aber irgendein Dessous wäre schon schön. Die Mutter meiner Kinder zeigt eine feine, womöglich bald einmal feingerippte Tendenz zur reinen Tragbarkeit, der es weihnachtsgeschenkehalber entgegenzuwirken gilt.

Klicken wir also frohgemut nach vorn. Kunden, die sich für String-Tangas mit einem Strass-Stein-Playboy-Bunny interessieren, interessieren sich auch für koreanische Wasserfallbilder, Lavalampen und Satinbettwäsche in Tigerfelloptik. Nein, so einer bin ich nicht. Oder doch? Bin ich womöglich innendrin a bissel schlicht, ein Geschmacksprolet mit Hang zum Luderfummel, der nach der Geburt im Krankenhaus vertauscht und dann vergeblich von Zwölftonmusikanten und Experimentallyrikern aufgezogen wurde? Das würde einiges erklären.

Aber ich möchte eigentlich nicht von Versandhauswebseiten auf meine versteckten Vorlieben hingewiesen werden. Wozu verstecke ich sie sonst? Ich überlege, ob ich zwischendurch einmal auf Kukident, Diddlmaus-Schlüsselanhänger oder einen Schwulencomic von Ralf König klicken sollte, um das System zu verwirren. Aber hier isses doch: Kunden, die sich für diesen wunderschönen weinroten BH mit Jaquardspitze entschieden haben, haben sich auch für einen gleichfarbigen Slip entschieden. Hier kauft die farbliche Einheit in Freiheit ein. Zu euch will ich gehören.

Welche Cup-Größe soll ich anklicken? Und wieso Cup? Ich weiß nicht, am Ende welcher Bacchanalien die Engländer darauf verfallen sind, die weibliche Brust in unterschiedlich großen Tassen und Pokalen auszumessen, aber ich kenne Engländer und -innen unter Alkoholeinfluss, und, ehrlich gesagt, die machen so was. (Das deutsche «Körbchen» muss man dagegen grundsolide im Arbeitstag verorten, klingt doch stark nach Feldfruchtbarkeit und, na ja, Selbstpflücke.) Muss eben doch mal zum Kleiderschrank und nachgucken. Mit spitzen Fingern in die Schublade. Man will ja nicht bemerkt oder gar beargwöhnt werden. Was ist eigentlich das hier unter den Teilen? Sieht aus wie ... eine Lavalampe. Für mich? Weiß meine Frau, was nur ich und die Präferenzensoftware meines Versandhauses weiß?

INGE MACHTE IMMER SO EINEN GEDRÜCKTEN EINDRUCK Früher waren die Weihnachtsfeiern für Frauen eine durchweg bedrückende Angelegenheit. Aber vorbei. Die Kunst des Frauendrückens ist untergegangen. Als ich ein Kind war, wurden Frauen dauernd gedrückt, aber nicht von Kindern, sondern von Männern. Ich kann das beurteilen, denn mein Kinderzimmer war eine kleine (unbeheizbare!) Loggia neben dem Wohnzimmer, wo meine Eltern mit ihren Freunden feierten. Natürlich waren nicht alle Männer Frauendrücker, manche saßen auch nur rum und süffelten still am Boonekamp, bis sie irgendwann zur Seite fielen. Aber die meisten Männer aus der Generation meines Vaters wurden bei Feierlichkeiten spätestens ab dem Zeitpunkt, wo sie nicht mehr «typisch tschechisch» oder «russischer Regisseur» sagen konnten, von dem Wunsch übermannt, irgendeine «Inge» zu drücken und auf die Wange zu knutschen.

Die dazu auserkorene «Inge» wurde schon von fern mit ausgebreiteten Armen als «meine Inge» angerufen, obwohl sie keinesfalls dieses Mannes Inge, sondern eines Helmuts oder Manfreds Inge war, und mit der Parole «Ach, komm doch mal zu mir! Du bist doch meine Beste!» rettungslos von Oberarm zu Oberarm umklammert. Soweit ich mich erinnere, wurde immer von der Seite gedrückt und geknutscht. Von vorn zu drücken war nicht ratsam, weil die Frauen meiner Kindheit gefährliche Atombusen hatten, die sie unter raschelnden Blusen versteckt hielten (aber vielleicht sah es auch nur von unten so aus, ich war ja sehr klein). Schulterfreie Kleider waren noch nicht in Mode und das zu Recht, denn die Frauen meiner Kindheit müssen voller Druckstellen gewesen sein, so zusammengequetscht, wie sie wurden.

Die so gedrückte Frau befreite sich aber nicht mit einem Ellenbogen-Karate-Stoß und verklagte den Mann auf zehn Tagessätze, sondern juchzte beglückt. Auch das «beglückt Juchzen» ist untergegangen. Es geschieht dieses ja aus der Tiefe des Leibes, und wahrscheinlich braucht man eine diskrete, aber stolz getragene Menge Bauchfett dazu. Joggerinnen können nicht juchzen, selbst, wenn sie es wöllten.

Natürlich wird auch heute noch mal umärmelt und ein zartes Bussi ans Ohr geblasen, aber das geschieht storchenhaft nach vorn gelehnt und ohne Körpereinsatz. Das war aber nicht der Sinn des traditionellen Frauendrückens. Der Mann aus der Alterskohorte meines Vaters suchte beim Frauendrücken mehr als nur das kurze Aufknistern seiner außerehelichen Libido, er suchte auch Halt, Stabilität und Orientierung an irgendeiner vorübereilenden Frau angesichts sich überraschend verändernder Zimmergeometrien, wo Klinken sich trotz mehrmaligen Fassens dem Zugriff entzogen und mit lauter Bleikristall bestückte Raumteiler plötzlich dort auftauchten, wo er sie am allerwenigsten erwartete.

Meine These ist daher, dass der Untergang des Frauendrückens damit zu tun hat, dass heute nicht mehr Pilsner mit Weinbrand zusammen getrunken wird. Ich würde gerne mal an einem unvorbereiteten Bibelkreis fünf Kästen Pilsner und zehn Flaschen Weinbrand zur innerlichen Anwendung bringen und abwarten, ob da nicht nach einer Weile selbst äußerst abweisend gekämmte

Betschwestern über den grünen Klee gelobt, wie Herbariumsblüten gepresst und allersaftigst abgeschmatzt werden. Die dann vielleicht sogar juchzen würden, was ja nun nicht mehr so fern vom Jauchzen und Frohlocken ist, zu dem uns die Bibel rät.

WER GEHÖRT ZU WEM? Ich lege nicht gerne Wäsche zusammen. War schon bei der Truppe so. Während andere sich schon für den Ausgang schniegelten und striegelten, hatte ich immer noch den Hasshauch meines Feldwebels im Nacken, der behauptete, meine Hemden sähen aus, als hätte «der Feind» sie zusammengelegt. Hat wohl meine Partnerwahl beeinflusst. Denn: Meine Frau legt ausgesprochen gerne Wäsche zusammen.

«Die schmeiße ich weg», sagt mein Frau jetzt hinterm Wäschekorb auf dem Küchentisch und hebt mit spitzen Fingern ein schwarzes Sockenpaar hoch. Das schätze ich an meiner Frau. Dass sie ihre Untaten ankündigt. Meine Mutter hätte die Socken wortlos weggeschmissen. (Durch meine ganze Jugend ziehen sich Horror-Dialoge wie «Wo ist mein cooler grüner Parka, Mutti?» – «Der war an den Ärmeln schon abgestoßen. Den hab ich in den Müll getan! Du hast doch noch den himmelblauen Anorak, den mit dem Brustfenster für die Sichtkarte.» Aber so müssen Mütter wahrscheinlich sein, sonst ziehen die Jungs nie aus.)

Meine Frau hingegen rechtfertigt sich sogar. «Die eine Socke hat ein Loch.» – «Aber sie sind ein Paar», protestiere ich. «Nur weil die eine einen Schaden hat, kann man sie doch nicht gleich entsorgen.» Ich erinnere an Freund Nils und seine Clarissa, die schließlich auch einen gewaltigen Schaden ... Meine Frau nimmt die Socken jetzt auseinander und lässt sie links und rechts neben ihren Ohren baumeln. «Die hier sind kein Paar.» Sie hat recht. Der linke Socken ist länger als der rechte.

Das ist das Problem. Ich trage ausschließlich schwarze Socken. Nicht grau, nicht kariert, keine Streifen, keine Applikationen. Es gilt Vaters Spruch: Socken sollten nie witziger sein als der Mann, der sie trägt, und deswegen kaufe ich vorsichtshalber immer wieder schwarze Socken. Doch obwohl es sein mag, dass alle Menschen gleich sind, schwarze Socken sind es nicht. Die Länge deutscher Schwarzsocken variiert nach Laden, Tageszeit oder Luftdruck. Und während sie im Wäschekorb so tun, als wären sie ein einig Volk von schwarzen Socken, zeigt sich schon am nächsten Tag, wenn ich sie mir über meine wohlgeformten Waden ziehe, das Malheur.

Links geht es gerade so über den Knöchel, rechts bis kurz unters Knie. Es ist dies der Punkt, wo der Versuch, würdevoll zu leben, in sein Gegenteil umschlägt. Eine unfallbedingte Auskleidung in der Notfallaufnahme, eine Leibesvisitation am Flughafen, ja nur das souveräne Übereinanderschlagen der Beine, wie es Führungskräfte so gerne tun, würde mich sofort zum Gespött der Leute machen, allerlei «Guck mal, der da»-Geraune oder sogar ein heimliches YouTube-Video provozieren. Andererseits habe ich auch keine Lust, jeden Morgen eine halbe Stunde vorm Sockenfach mit einem Lineal die Strumpfprobe zu machen. Also habe ich die Sockenlänge bis heute resigniert dem Zufall überlassen. Eine Respektsperson auf Widerruf.

«Weißt du was», sage ich plötzlich, «schmeiß sie einfach alle weg, und ich bestelle mal ein Tausenderpack Schwarzsocken, damit dieser Unfug aufhört.»

«Ich finde es nicht so schlimm», spricht meine Frau nach kurzem Zögern, «im Gegenteil: Ich fühle mich irgendwie sicherer, wenn du da draußen unter allen Umständen die Hose anbehalten musst.»

MEIN, DEIN, UNSER LIEBER SCHOLLI «Mein lieber Scholli, das habe ich aber ratzfatz ausgelesen», sagt die Trollprinzessin zufrieden und klappt ihr Millie-Buch zu. (Die Millie-Serie von Dagmar Chidolue ist der absolute Knaller für das Erstlesealter, das muss ich hier jetzt mal neidgrün anerkennen, dagegen ist selbst Bruders Gameboygefrickel nur so spannend wie ein Tag der offenen Tür bei den Stadtwerken.) «Na, vielleicht gibt es ja zum Geburtstag ein neues», orakel ich mit dem USB-Stick vor dem neuen Blu-ray-Player liegend, um das Ding im achten Untermenü mit der dann hoffentlich passenden Update-Datei zum Laufen zu bringen. Ein ganz normaler Samstagvormittag am Beginn des 21. Jahrhunderts.

«Dein Wort in Gottes Gehörgang!», erwidert die Trollschmökerin knapp, hopst vom Sofa, ruft: «Ich bin schon gespannt wie ein Flitzbogen!», und trollt sich. Schwerstes Amüsement rumort in meinem Unterbauch. Dies ist die schöne Zeit, in der die kindliche Rede endlich zur Redewendung findet. Irgendwann kommt im Leben eines Kindes der Tag, an dem es nicht mehr nur Wörter sagt und Sätze bildet, sondern beginnt, in Sprüchen zu sprechen. Plötzlich ist die Welt voller kleiner Omas und Opas mit rosa Haarspangen und kurzen Hosen, die beim Papiersterneschneiden «Das ist ja zum Mäusemelken hier!» murmeln oder «Das gibt's in keinem Russenfilm!» fluchen. Und stolz bin ich sowieso, dass sich «Mein lieber Scholli!» vererbt hat. Wir waren immer eine Familie, in der bei allen Arten von Erstaunen der liebe Scholli angerufen wurde, und so soll es bleiben. Aber nicht alle Redensarten wandern in die nächste Generation. Der Kampf der Kulturen ist, global gesehen, zwar Humbug, innerfamiliär tobt er mit existenzieller Wucht.

So konnten sich die in meiner feinsinnigen Familie kultivierten «Fisimatenten», welche zudem erhaben-napoleonischen Ursprungs sind, niemals gegen die waldursprünglich-derben «Fikuksien» durchsetzen, die sich mein Schwiegervater sechsmal täglich verbietet und deren Herkunft entweder völlig unklar oder die finnische Mehrzahl von «Gummibaum» ist, was irgendwie aber ein bisschen irre wirkt.

Redensarten sind die kleinen, oft redundanten, neurotischen Wortstempel, an denen man Familien genauso untrüglich erkennen kann wie durch einen DNA-Test. So kann man sozusagen meinen Kronsohn relativ zuverlässig daran erkennen, dass er in jedem Satz die Worte «sozusagen» und «relativ» verwendet. Ich hielt das lange für ein kindliches Echo meiner vorsichtigen, zurückhaltenden Art, ihm die Welt zu erklären. Eine Marotte bloß, die er sich auf den Sonntagsspaziergängen mit seinem Vater eingefangen hat.

Tatsächlich frage ich aber mittlerweile, ob das Beispiel mit der DNA nicht doch mehr als eine Analogie ist und Redensarten ganz faktisch auf den Genen reisen. Denn eines Tages traf ich den Sohn meines Schwagers aus erster Ehe, den dieser seit dem Krabbelalter nicht mehr gesehen hatte. Nun ist mein Schwager ein echt thüringischer Grundsympath, der seine Überraschung immer mit einer jovialen Bestätigungsfrage wie etwa «Ist das so?» ausdrückt. Insofern war meine Überraschung größer als die seines erwachsenen Sohnes, als der auf meine Eröffnung, ich sei der Schwager seines Vaters, freundlich antwortete: «Tatsächlich?»

DIE KULANT-VERSICHERUNG VERLIERT IHREN BESTEN MANN ODER ESSEN TALIBAN ERDNUSS-FLIPS?

Fremdkrümeln ist eine meiner wenigen dunklen Seiten. Bei anderen Leuten Party machen, hemmungslos mit Chips und Flips herumbröseln und dann kurz nach Mitternacht abhauen und eine Riesenschweinerei hinterlassen – ich liebe es einfach. Um das Maß dieser Teufelei vollzumachen, bringe ich das Bröselzeug auch noch selber mit.

«Huhu! Ich habe was mitgebracht! Erdnussflips!», raschelte ich also an jenem folgenschweren Abend mit einer XXL-Tüte vor Vater Dinkelkeks herum, der nur kurz in Richtung Wohnzimmer nickte, da er mit einem druckigen Sektkorken zu kämpfen hatte, der unter seinen Händen fauchte und zischte. Ich ging ins Wohnzimmer, nahm eine große Schale aus dem Regal, stellte sie auf den Couchtisch und schüttete die Erdnussflips hinein.

Vergnügt stopfte ich mir eine Handvoll Knirschzeug in den Mund und knirschte mich taub. In diesem Moment kam Mutter Dinkelkeks mit ihrer Freundin Sina herein und erstarrte, als sie mich backenprall im Sofa lümmeln sah. Ja, sie langte sogar fassungslos mit der linken Hand nach der Rechten ihrer Freundin, aber die hielt ihre Rechte vor den offenen Mund. Ich unterbrach den Mahlvorgang zwischen meinen Kiefern, guckte verwirrt nach links und rechts, nach oben und unten. Nanu, was falsch gemacht?

«Diklaa… dikla …», hauchte Mutter Dinkelkeks

verzweifelt, während Sina ihren Mund mit den hastigen Worten «Wo stehen deine Notfalltropfen?» wieder freigab. Was hatten sie denn nur? Ich hob meinen Hintern vom Sofa und guckte drunter. Manchmal setzt man sich ja auf so Sachen oder kleine Haustiere.

«Im Bad. Neben dem Kästchen. Mit den Heilsteinen», röchelte die Dinkelkeksin präkomatös und in Bruchstücken, als hätte sie für Verben schon keine Kraft mehr. Während Sina die Bachblütenpulle holte, kam Vater Dinkelkeks fröhlich mit dem Sekt und fror gleichfalls an der Türschwelle ein.

«Ach du Scheiße!», sagte er. «Die Klangschale!»

Langsam bekam ich mit, dass sich die Blicke der beiden auf dem Couchtisch trafen, wo die Schale mit den Erdnussflips stand. Hatte mich schon gewundert, warum das Ding so groß war. Ich klopfte dagegen. Tatsächlich, ein Klang! Etwas verschluckt von den Erdnussflips, aber ein Klang.

«Du hast die Klangschale entladen!», sagte Vater Dinkelkeks entgeistert.

«Die hatte das Energiefeld von Shri Ranayah gespeichert!», spiralte sich die Stimme von Mutter Dinkelkeks in hysterische Höhen, während Freundin Sina neben ihr die Bachblüten-Notfalltropfen hektisch in ein Glas mit sieben Fingerbreit Whiskey zählte. Die Dinkelkeksin hatte, wie ich jetzt erfuhr, ein Vermögen für diese Klangschale ausgegeben, in die der selige Shri höchstselbst vor sieben Jahren seine positiven Energien eingerührt hatte.

Unwiederbringlich! Denn Shri Ranayah hatte letztes Jahr seinen irdischen Ballast abgeworfen und war den Bach runter, den Bach namens Ganges wohlgemerkt. «Da darf nichts eingefüllt werden!», meinte Vater Dinkelkeks böse. Mutter Dinkelkeks sank vor mir in den Sessel, um sich mit einem ersten und dann gleich noch mit einem zweiten Bachblütentropfen-Single-Malt-Whisky davor zu bewahren, «Zustände» zu kriegen. Doch das hielt sie nicht davon ab, gleich wieder aufzuspringen und wie wild auf mich einzuschlagen, als ich schuldbewusst die Erdnussflips von der Klangschale in eine andere Schale umfüllen wollte, die sich jedoch ebenfalls als, nur eben etwas kleinere, Klangschale herausstellte.

«Er entweiht hier alles!», schrie die Dinkelkeksin. «So haltet ihn doch auf!»

Vater Dinkelkeks schaufelte die Erdnussflips mit aller gebotenen Vorsicht in die Tüte zurück, die er mir in die Hand drückte und mich in die Küche geleitete. Im Wohnzimmer rührte Mutter Dinkelkeks mit einem Filzklöppel in den Klangschalen herum und horchte in das helle Klingeln.

«Es ist alles weg!!», rief sie immer wieder. «Sie klingt nur noch wie eine Salatschüssel!»

«Besser, du gehst jetzt», meinte Vater Dinkelkeks.

«Mensch, das wusste ich doch nicht», sagte ich, aber Vater Dinkelkeks erwiderte, manche Dinge müsse man nicht wissen, die müsse man einfach spüren.

Verwirrt und beleidigt trottete ich mit meiner Erdnussflipstüte nach Hause.

In der Nacht schlief ich schlecht und träumte. Ein Mann in einem indischen Gewand, der an einem Stirnband einen Augenspiegel befestigt hatte, schwebte im Lotussitz aus dem Irgendwo auf mein Bett zu. «Vorsicht!», rief ich, weil der Mann im Lotussitz direkt auf den gedrechselten Bettposten niederzuschweben drohte. Der Mann korrigierte seinen Sinkflug und stoppte direkt vor meinen Füßen.

«Lesebrillen gehen verloren, Mobiltelefone gehen verloren, Tankdeckel älterer Kraftfahrzeuge gehen verloren, Hüte gehen verloren, Damenhandtaschen gehen verloren, Schlüssel gehen verloren ...», sagte der Mann bedächtig.

«Ich hoffe nicht, dass das eine vollständige Aufzählung aller verlierbaren Dinge wird», unterbrach ich ihn.

«Na gut», sagte der Mann, «was ich dir eigentlich sagen will, ist: Alles kann verlorengehen, nur eines nicht! Energie! Energie kann nicht verlorengehen, sie wechselt nur die Form.»

«Wer bist du?», rief ich.

«Ich bin Shri Helmholtz», antwortete die Gestalt, «und ich kann bis auf deinen Augenhintergrund sehen.» Dann klappte er seinen Augenspiegel herunter und kam langsam auf mich zu.

Schreiend wachte ich auf. Es war Montag früh. Viertel vor neun. In einer Viertelstunde würde ich Besuch kriegen. Besuch von der KULANT-Versicherung. Besuch von Herrn Frödel, der mit mir seit zehn Jahren über meine Rentenlücke sprechen will und dem ich jüngst in einer Schwächephase einen Termin zugestanden hatte. Ich eilte ins Bad, rasierte mich beim Duschen und löffelte die Cerealien mit der Zahnbürste und war gerade rechtzeitig fertig, als Herr Frödel mit schwungvollem Schritt die Treppe heraufkam.

Herr Frödel war ein gepflegter älterer Herr, der statt einer Krawatte ein kunstvoll gewundenes Seidenhalstuch trug und dank irgendwelcher Mittel und Manipulationen so blendend weiße Zähne hatte, dass er vermutlich des Abends im Bett seine Nachttischlampe ausgeschaltet lassen konnte, um im Licht seiner strahlenden Beißerchen ein Buch zu lesen.

Herr Frödel führte eine Kollegmappe mit sich. Eine Kollegmappe voller Anträge, denen nur eines fehlte, nämlich meine Unterschrift. Er putzte sich umständlich die Schuhe ab, was ich unnötig fand, weil es in unserer Wohnung eher angezeigt ist, die Schuhe beim Verlassen derselben zu reinigen.

«Wie schön, dass Sie sich entschlossen haben, das Thema Vorsorge endlich anzugehen», schüttelte Herr Frödel meine Hand und grinste dabei ein elegant-frivoles «Heute bist du fällig, Bürschchen!»-Grinsen. Ich bat ihn in die Küche.

«Herr Schwarz!», setzte sich Herr Frödel und schlug seine Kollegmappe mit den Anträgen und Schaubildern auf. «Die Zeiten, wo man die Altersvorsorge einfach dem Staat überlassen konnte, sind ein für alle Mal vorbei.»

Wir tauschten einen Blick. Herr Frödel gewann an Zuversicht. Die Botschaft war angekommen. «Ich kenne Leute», fuhr Herr Frödel mit professioneller Ergriffenheit fort, «die müssen mit siebzig Jahren und mehr (er hob Stimme und Finger zugleich) noch arbeiten, weil die Rente nicht reicht.»

«Ich hoffe sehr, dass es sich dabei nicht um Ihre Kunden handelt», entgegnete ich kess, aber Herr Frödel überging die Spitze mit Bravour.

«Sie sind Journalist. Was machen Sie da konkret?», fragte er weiter, natürlich nur, um eine Überleitung für sein nächstes Szenario zu bekommen. Aber nicht mit mir. «Ich drehe Filme über blutjunge Unterwäschemodels und schreibe Restaurantkritiken. Im Winter mache ich Reisereportagen über angesagte Destinationen für einen exklusiven Hotelführer.»

«Na, sehen Sie», fuhr Herr Frödel automatisch fort, «wollen Sie mit siebzig Jahren immer noch den ganzen Tag mit blutjungen Unterwäschemodels, Essen in Spitzenrestaurants und Reisen zu irgendwelchen angesagten Destinationen zubringen?»

«Was wäre denn die Alternative?», fragte ich irritiert, dass meine Vorlage ihn nicht sofort ausgestoppt hatte. Aber Herr Frödel war schon lange im Vorsorgegeschäft, und die sogenannten Details interessierten ihn absolut nicht mehr.

«Ruhestand, Herr Schwarz! Ruhestand! Endlich Schluss mit Unterwäsche hier, Unterwäsche da! Stattdessen ein wenig Geld auf der hohen Kante, um mal mit der Gattin beim Italiener um die Ecke essen zu gehen oder im Winter eine kleine Pauschalreise an die türkische Riviera zu machen.»

In diesem Moment wusste ich, dass ich Herrn Frödel nicht loswerden würde, bis ich unterschrieben hatte. Er war der Terrier unter den Versicherungsagenten der KULANT-Versicherung! Einfach festbeißen und nicht wieder lockerlassen. Einfach dranbleiben. Was sind Argumente gegen Beharrlichkeit? Was sollte ich nur tun? Grob werden? Ihn des Hauses verweisen? Den kultivierten, korrekt gekleideten Herrn Frödel, der nichts anderes wollte, als mich vor Altersarmut zu bewahren?

«Zeigen Sie mir doch mal bitte Ihre aktuelle Rentenprognose von der BfA!», holte Herr Frödel jetzt zum ultimativen Vernichtungsschlag aus. Nein, unmöglich konnte ich ihm die paar Pimperlinge zeigen, die mich am Ende meines Arbeitslebens erwarteten!

Da sah ich plötzlich die Tüte mit den Erdnussflips stehen und erinnerte mich an meinen Traum. Vielleicht war die Energie von Shri ja doch nicht ganz verlorengegangen …

«Gut, ich hole die Rentenauskunft. Wollen Sie vielleicht ein paar Erdnussflips?»

Herr Frödel sah mich etwas verwirrt an und dann auf die Uhr. «Um diese Zeit?»

«Der Verzehr von Erdnussflips unterliegt keinen tageszeitlichen Beschränkungen, soweit ich weiß», antwortete ich, nahm die offene Tüte und warf sie auf den Tisch. Herr Frödel holte sich nach einigem Zögern zwei, drei Erdnussflips, die er sich vorsichtig zwischen seine weißen Zähne steckte, und begann, skeptisch zu knabbern.

Ich holte ihm die vorläufige Rentenauskunft und gab sie ihm. «534 Euro Rente», las Herr Frödel laut und streng, nickte, als wenn er sich so was schon gedacht hätte, und hob dann langsam seinen Kopf, um mich wortlos, aber durchdringend anzusehen. Er blinzelte genau dreimal. Das erste Blinzeln hieß «bitterste Armut», das zweite «Hungerödeme, Skorbut und überall Furunkel», das dritte «Erfrierungstod in Kellerwohnung».

Sein Blick war hart, und er kaute jetzt unversöhnlich auf den Erdnussflips herum, als wolle er sie nicht essen, sondern ihnen nur weh tun.

Doch dann begann sich seine festgezurrte Vertretermimik plötzlich zu verändern. Etwas Weiches, ja Erlöstes zog in seine Züge, und er sprach: «534 Euro! Mein lieber Herr Gesangsverein!»

Ich hielt es für Ironie. Herr Frödel nahm noch eine Handvoll Erdnussflips.

«Das ist ein ordentliches Polster, was Sie da haben», sagte Herr Frödel aufgeräumt und schmatzend und tippte mit dem Finger auf die grauenhafte Zahl. Dann lehnte er sich zurück und verschränkte die Arme hinter dem Kopf.

«Es sind … nur … fünfhundertvierunddreißig Euro!», stotterte ich verwirrt. Er musste sich verlesen haben.

«Ja, ja, ich weiß. Eine schöne Stange Geld.»

Dann lehnte er sich nach vorn, stützte sich auf die Unterarme, um mich besser zu unterrichten. «Nun mal ehrlich: Was brauchen Sie wirklich im Alter? Sehen Sie sich doch mal an, kleiner Mann, der Sie sind. Ein Tässchen Haferbrei am Morgen, ein Gläschen Bier am Abend und am Wochenende vielleicht einen Teller feines Hühnerfrikassee. Leute wie Sie können doch in Hydrokultur überleben. So ist es doch. Warum gibt es in den Gaststätten Seniorenteller? Weil man im Alter weniger isst. Und das ist auch ganz normal so. Der Stoffwechsel fährt herunter. Tod ist ja ein kontinuierliches Phänomen. Man braucht immer weniger, bis man eines Tages gar nichts mehr braucht. Das wird oft vergessen.»

Er griff noch einmal – «Die sind lecker! Wo haben Sie die her?» – und dieses Mal beherzter in die Tüte Erdnussflips.

«Machen wir uns doch nichts vor: Es ist doch ein durch und durch krankes System», schmatzte Herr Frödel fröhlich vor sich hin. «Die Leute quälen sich in Jobs, die sie hassen, für ein Haus, das sie erst abbezahlt haben, wenn sie es schon wieder verkaufen müssen, um den Platz im Siechenheim bezahlen zu können, und wenn es mal gut läuft, für irgendein Vermögen, das am Ende nur die Erben verschleudern, weil sie selbst es ja doch nicht mehr ausgeben können, halb blind und lahm, krank am Herzen und an der Hüfte. Das Alter macht nur die Ärzte reich, und das letzte Hemd hat keine Taschen, Herr Schwarz! Lesen Sie ab und zu in der Bibel? Sollten Sie tun! Matthäus 6,26: Sehet die Vögel unter dem Himmel an: Sie säen nicht, sie ernten nicht, sie sammeln nicht in die Scheunen; und euer himmlischer Vater nährt sie doch. Kennen Sie die Experimente mit Lichtnahrung, wo Menschen über Monate sich nur von Licht ernährt haben?»

Herr Frödel wollte noch mal in die Tüte greifen, aber beim Stichwort «Lichtnahrung» nahm ich sie ihm weg. Er hatte fast die Hälfte aufgegessen, und ich fürchtete, dass er bei fortschreitender Erleuchtung sich seiner

Sachen inklusive des seidenen Halstuches entledigen und nackt aus dem Fenster zu fliegen versuchen würde. Und mein Leben ist nicht so langweilig, dass ich mich nach einem toten, nackten, alten Versicherungsvertreter im Vorgarten sehne, den ich dann der Polizei erklären muss.

«Ich kann leider nicht den ganzen Tag philosophieren», sagte ich vorsichtig, und Herr Frödel straffte sich im Sitz und klappte seine Kollegmappe wieder zu.

«Natürlich, nutzen Sie den Tag!»

Er tippte noch einmal auf meine Rentenauskunft und rief: «534 Euronen! Also, das reicht dicke!»

Dann schüttelte er kräftig meine Hand und boxte mich kurz gegen die Brust. «So ein junger Mann wie Sie sollte überhaupt keinen Gedanken ans Altsein verschwenden!»

Schon war er aus der Tür, und ich hörte ihn noch auf der Treppe murmeln: «Der Priesemuth ist doch auch völlig überversichert. Den ruf ich gleich mal an.»

Auf dem Küchentisch lag die halbvolle Erdnussflipstüte. Ich fühlte mich mit einem Mal sehr mächtig, und ich ging an den Computer, um eine einzige Frage bei Google einzugeben: Essen Taliban Erdnussflips?

DIE MUTTIS KOMMEN! Dass die Illuminati nach der Weltherrschaft greifen, ist natürlich Humbug. Der ganze symbolknobelnde Budenzauber soll nur davon ablenken, dass der Griff nach der Weltherrschaft von einer ganz anderen, ungemein zielstrebigen und durch nichts einzuschüchternden Gruppe angestrebt wird. Überraschenderweise sind die Mitglieder dieser weltweit operierenden Gruppe gut zu erkennen, denn sie melden sich nie mit Klarnamen am Telefon, sondern immer nur mit ihrem Ordenstitel. «Ich bin die Mutti von der Mira», sagt die Frau am Telefon, die wiederum die Mutti von der Trollprinzessin sprechen möchte.

Dass ich mich als der Vati von der Trollprinzessin zu erkennen gebe, ist für sie ohne Belang. Für die Weltorganisation der «Muttis» ist das gemeinsame Sorgerecht nichts als Plunder und Trostpreis, den Männer mal kurz vorzeigen dürfen, bevor sie beiseitetreten müssen. Ich übergebe etwas mufflig an meine Frau und höre von fern dem atemlosen Gehetze zu. Es stellt sich heraus, dass die förderunwürdige Pausbacke Paddrig am nämlichen Nachmittag einen Eimer Bügelperlen über Mira und Lavinia ausgekippt hat, alldieweil die Aufsichtsperson außerhalb des Kreativraums weilte. Zwar wurde Strolch Paddrig von den allerliebst kunsthandwerkenden Mägdelein umgehend mit dem heißen Bügeleisen niedergebrannt, aber das war nur eine «verständliche Reaktion». «So geht's ja nun nicht!», sagt auch meine Frau, die in der Weltorganisation der

«Muttis» bereits zur Eltern-, besser aber «Mutti»-Sprecherin aufgestiegen ist.

Die Kreativitätsentwicklung der kleinen Zuckerschnäuzchen ist in Gefahr. Der Schulhort des Bösen muss heimgesucht werden, der schon länger auffällige Paddrig schleunigst «isoliert» werden. «Arbeitet nicht die Schwester der Mutti von der Undine beim Schulamt?», erkundigt sich meine Frau, denn die «Muttis» haben ihre Leute überall.

Man entscheidet sich dann aber erst mal für eine abgestufte Eskalation. Den Horttanten sollen in einem persönlichen Gespräch die Instrumente gezeigt werden, dann sehe man weiter. Möglicherweise sei das Personal ja auch unterbesetzt und überfordert. Dann sei Druck auf die Politik nötig. «Findest du nicht auch, dass die Umkleidezeiten vorm Sportunterricht zu kurz sind?», bohrt meine Frau ein neues Thema an. Die Macht der «Muttis» ist schon so weit fortgeschritten, dass Lehrer oder Hortner eigentlich gar kein eigener Beruf mehr ist, sondern nur ein stundenweiser Mütter-Ersatz, der nach strengen Vorgaben aus dem Elternhaus zu absolvieren ist. Das war früher anders.

Meine Mutter hatte volles Vertrauen in den Lehrkörper meiner Schule, ein Vertrauen, das sich von heute aus gesehen fast wie Gleichgültigkeit ausnimmt. Im Grunde wollte sie nur, dass ich am Leben bleibe. Welche Klasse ich gerade im Einzelnen besuche oder unter welchen Guantánamo-Umständen ich russische Zischlautmonstervokabeln oder ungeschützte Längssprünge übers Turnpferd erlerne, überließ sie gütig den dazu ausgebildeten Fachpersonen. Und hat es mir geschadet? Denk schon. Denn sonst würde ich ja jetzt die beiden konspirierenden Muttis auseinanderreißen und zur Ordnung rufen. Aber so denke ich: «Die werden es schon richtig machen. Dazu sind es ja Muttis.»

SIE HABEN MICH LEIDER DOCH ANGETROFFEN Ich bin ja viel zu Hause. Gut ist das nicht. Vor allem für die Kinder. Väter sollen Sehnsuchtsfiguren sein, Briefe aus der Ferne schreiben und von ihren Abenteuern berichten. Wenn mein Vater meine ganze Kindheit über zu Hause gewesen wäre, hätte ich mich bestimmt schon mit neun einer Rockerbande angeschlossen und hätte Denkmäler geschändet. Doch der Nachteil für meine Kinder wird aufgewogen durch den Vorteil für die Hausgemeinschaft.

Ich nehme alle Pakete an, und ich krakele auch brav mit dem elektronischen Stift meine Unterschrift auf das Eingabefeld, die immer aussieht, als hätte ein volltrunkener Analphabet mit Boxhandschuhen während eines Erdbebens versucht, eine Acht zu malen. Jetzt vor Weihnachten kann ich aber im Grunde vor der Tür stehen bleiben. Im Minutentakt klingeln die Lieferknechte.

Ich komme gar nicht mehr mit dem Geschenkezuordnen und -deuten hinterher. Gerade noch grübele ich über den Anwendungsbereich des Elektrostimulators, als ich schon ein Fünftausender-Puzzle mit dem Motiv eines wolkenlosen Himmels entgegennehmen muss. Doch der Paketbote, der sich nun die Treppe heraufschleppte, trug kein Paket, sondern eine Art Schrank aus Pappe auf den Schultern. Ich stand in der offenen Tür und warnte ihn vor der Flurleuchte, die abzuschlagen er sich mit seinem Riesengeschenk anschickte. Ein Fehler. Der Mann sah nach rechts oben zur Flurleuchte, der Mann schwankte, der

Mann verlor das Gleichgewicht und stürzte zusammen mit seinem Paket wieder die Stufen hinunter.

Ich äugte vorsichtig übers Geländer. Der Paketbote lag still ein Stockwerk tiefer auf dem braunen Riesenpaket. Vielleicht ruhte er sich nur ein bisschen aus. Der schnauzbärtige Kettenraucher mit den Leberwurstresten im Mundwinkel musste doch sicherlich nicht beatmet werden, oder? Ich ging drei Stufen tiefer und sah ihn den Brustkorb bewegen. Vielleicht war er bewusstlos? Ich überlegte einen Augenblick, ob ich über ihn hinweg schnell in seinen Transporter steigen solle, um ein paar Paketscheine auf den Kartons zu vertauschen. Bescherung einmal anders. Dann treiben am ersten Weihnachtsfeiertag drei asiatische Drogenschmuggler in viel zu großen weißen Feinripp-Unterhosen den Fluss hinunter, während der seit zwanzig Jahren verwitwete Rentner Otto Gohlke seine Bratensauce mit dem weißen Pulver andickt, das ihm angeblich seine Schwester aus Bochum geschickt hat, um danach drei Tage ohne Schlaf den Seniorentanz im Ringcafé aufzumischen. Lieber nicht.

«Gott sei Dank!», stöhnte der Paketbote jetzt und rappelte sich auf, um seinen Anlieferungsversuch fortzusetzen. «Gott sei Dank war das kein Schrank!» Wie es sich herausstellte, war es eine gut gefederte, neumodische Doppelduftmatratze namens «Jasmin» für die Eheleute N. aus dem vierten Stock. «Eine duftende Matratze?», schlich meine Frau am Abend geschenkedeutend um die angestoßene Verpackung herum. «Ich dachte immer, die verabschieden sich mit Handschlag zur Guten Nacht, so kühl, wie die immer tun.»

«Aber bei F.s sieht's nicht gut aus», spähte ich bei einem kleineren Päckchen durch den Klappenschlitz, «ihre Mutter schenkt ihr ‹Frauen reisen anders› zu Weihnachten.»

DANN LIEBER VERSCHENKEN «Meine Eltern haben sich zu Weihnachten eine neue Couch geschenkt», sagt die Frau am Sonntagsfrühstückstisch, während ich bedächtig kauend darüber nachsinne, ob die Evolution des Brötchens an sich mit diesem nach Fenchel, Koriander und Kümmel duftendem Vinschgauer als abgeschlossen betrachtet werden kann.

«Man kann sich nicht gegenseitig eine Couch schenken», sage ich, nachdem ich ausgekaut habe, «weder rechtlich noch logisch. Wenn du einen solchen Satz von einem Computer analysieren lässt, geht er kaputt.» Meine Frau schielt kurz in Richtung Decke, um mir zu bedeuten, dass sie kein großer Fan von «Richtig sprechen lernen mit Oberamtsrat Stefan Schwarz» ist. Ihr wieder zurechtgerücktes Gesicht lässt hingegen erkennen, dass die weihnachtliche Geschenktravestie meiner Schwiegereltern mehr ist als nur eine Kurznachricht aus dem Verwandtenkreis. «Sie würden uns jetzt dafür gerne ihre alte Couch schenken», fährt meine Frau fort. «Die war ziemlich teuer. Und die ist noch gut. Und wir haben noch Platz.»

Drei Aussagen, die fast wie Argumente klingen, aber auch auf Atomraketen oder die in Leder gebundenen Sitzungsprotokolle der Zentralen Revisionskommission der SED zutreffen. Ich beiße also noch einmal in den leckeren Vinschgauer und zerkaue brummend und unhörbar die Worte «woanders verklappen» und «keine

Deponie». Dabei ist mir schon klar: Die Verbindung von Entsorgen und Verschenken erscheint gerade bei sperrigen Gegenständen wie Möbeln so ideal, dass ich mich selbst schon ertappt habe, wie ich die Ehe meiner besten Freunde auseinanderbringen wollte, nur um sie in der Einrichtungsnot ihrer neuen und getrennten Apartments mit irgendwelchen unverheizbaren Schreibtischen oder Sesseln zu «beschenken».

Doch wie nun? Die lieben Schwiegereltern brüskieren? Zumal meine Frau die Sahara-Pudding-Creme-farbene Ledercouch mit dem glanzlackierten Wurzelholzrahmen offenbar schon im Geiste eingeräumt hat. O friedlicher Sonntag, bleibe in diesem Hause!

«Wir haben noch Platz», räume ich ein, «und wenn wir die Couch nehmen, haben wir keinen Platz mehr. Hinzu kommt aber», räume ich wieder aus, «Möbel sind ja auch irgendwie Ausdruck der Persönlichkeit. Ich möchte eigentlich nicht die Persönlichkeit deiner Eltern in meiner Wohnung zum Ausdruck bringen.» – «Das verstehe ich jetzt nicht», sagt meine Frau eisig, um mir noch eine Chance zum Einlenken zu geben, bevor sie sich leider «durchsetzen» muss. Ich durchsuche schnell die Persönlichkeiten meiner Schwiegereltern, um etwas Unverfängliches zu finden. «Dein Vater ist zum Beispiel sehr tierlieb. Ich fürchte, die Couch könnte mich ... tierlieb machen. Noch tierlieber, versteht sich. Kurz, tierlieber, als mir lieb ist.»

Meine Frau empfindet jetzt, dass die Anwesenheit der Kinder ihr Temperament über Gebühr fesselt. «Seid ihr fertig? Dann könnt ihr schon gehen!» Die Kinder gehen, verblüfft, dass wir sie diesmal schon vor dem Ausbruch der Feindseligkeiten wegschicken und nicht erst mittendrin.

«Wenn du die Couch nicht willst», sagt meine Frau, «kriegt sie der Sohn für seine Studentenbude. Muss er eben auswärts studieren! Wie findest du das?» Wir klatschen uns ab.

RICHTIG SCHLECHTES LICHT Relativitätstheorie hin und her. Man kann doch nicht in acht Stunden Nachtschlaf 20 Jahre älter werden? Oder doch? Mit männlich beherrschtem Entsetzen betrachte ich im Bad mein Spiegelbild. Mein Hals hat deutlich diese dörrobsthafte Feinschrumpligkeit, diese kosmetisch unoperierbare Truthahn-Labbrigkeit bekommen, und selbst die Haut der Hände, die ungläubig daran herumtasten, wirkt irgendwie eine Nummer zu groß. Vielleicht wird man gar nicht älter, sondern nur innen kleiner? Werde ich demnächst runzelig wie ein chinesischer Faltenhund in der Großen Show der Naturwunder herumstehen, während der wie gewohnt alterslose Ranga Yogeshwar mit einem Laserpointer an mir herumfunzelt und über die «unglaublichen wissenschaftlichen Einsichten» schnarrt, die das «ruckartige Vergreisen dieses bedauernswerten Mannes» erlaubt?

Verstört gehe ich zu meiner Frau, die an den Küchenlampen herumschraubt. «Ich sehe unterm Kinn irgendwie aus wie Dagmar Berghoff!», sage ich, und meine Frau guckt mich mit diesem «Was hat er denn nun schon wieder?»-Blick einer vielgeprüften Hypochondergattin an. «Finde ich nicht», sagt sie zunächst, aber ich bitte sie, mich nicht zu schonen, worum ich sie ja normalerweise auch nicht bitten muss. Dann knipst sie das Licht an, erschrickt, knipst das Licht wieder aus und wieder an. «Es ist das Licht!», sagt meine Frau. «Es sind die Energiesparlampen, die ich heute Morgen eingesetzt habe! Die werden nicht nur älter, die machen auch älter!»

Wir schweigen und sehen uns an wie Leute, die ein Staatsgeheimnis enthüllt haben und gleich von einem durchs Fenster purzelnden Überfallkommando verschleppt werden. Aber könnte es nicht tatsächlich sein, dass die energiearmen Kaltstrahler, welche die EU-Diktatoren als Zwangsbeleuchtung in unsere Heime befohlen haben, Teil einer Verschwörung gegen unser Wohlbefinden sind? Tatsächlich ist das Lichtspektrum der neuen tollen Energiesparlampen in Richtung Blau verschoben, und man sieht selbst nach einem Bad in Eselsmilch aus wie ein krätzekranker Klabautermann, weil das blaue Licht gnadenlos die kleinen Äderchen und Pusteln ausleuchtet.

Wird es uns nun gehen wie den lichtsensitiven Fernsehstars, die nur mit daumendick Abtönpaste vor die Scheinwerfer treten und immer ein bisschen aussehen wie in Malen nach Zahlen? (Ich bin einer der wenigen Menschen, die Johannes Heesters mal ungeschminkt gesehen haben und trotzdem durchschlafen!) Hat am Ende gar die Kosmetikindustrie ihre Finger im Spiel, die uns mit ultrarealistischen Leuchtmitteln an die Schminktöpfe treiben will? Oder ist es tricky islamistische Wühltätigkeit, die uns im Licht dieser Lampen die Vorteile von Vollbart und Schleier nahelegen will?

«Ich hol uns die guten alten Wendeldrahtglühlampen wieder, und wenn ich dabei bis in die unreine Ukraine vordringen muss!», rufe ich aus und stelle mir vor, wie ich mit fünf Kilo hochzerbrechlichen Glasbirnen im Rucksack von Zöllnern durch das Elbsandsteingebirge gejagt werde, denn anders als Kokainpäckchen kann man Glühbirnen nur sehr schlecht in den Körper einführen, um sie so unbemerkt durch die offizielle Grenzkontrolle zu bringen.

Aber meine Frau ist dagegen. Sie will lieber mehr Kerzen. War ja klar. Not macht Frauen immer gleich romantisch. So erstickt jede Rebellion.

LEICHEN FÜR DIE KLASSENBESTE Ein sommerliches Erlengehölz am Ufer. Diese Farbenpracht! Gelb leuchtet der Sumpfdotter, blauschwarze Käfer krabbeln über die rosa blühende Wasserminze, grün schillernd schwirren die Fliegen, und Hunderttausende quirliger weißer Maden wimmeln über eine im Morast faulende Leiche. Das ist der Ort, wo sich meine Frau am liebsten aufhält. Zumindest in der Lektüre. Meine Frau mag Krimis. Meine Frau kauft Krimis, tauscht Krimis und betratscht Krimis. In ihren eigenen Worten: Sie braucht Krimis. Zum Abschalten. Es ist rätselhaft. Wenn ich abschalten will, begebe ich mich entschlossen zu meinem Vorrat exzellenter Single Malt Whiskys, mit dem ich mich nach Belieben stufenweise herunterschalten oder auch mal ganz ausknipsen kann, aber ich fresse mich nicht Seite für Seite durch Schilderungen neonkalter Pathologenkeller, in denen wächserne Leichen voller Insektenlarvenstadien zum Bestimmen des Todeszeitpunkts einladen. Und das sind noch die netten Stellen.

Zugegeben, ich bin ein bisschen ein Hascherl, und meine Spannungstoleranz wäre bei Krimis wie «Das Rätsel der beinahe verlegten Sonnenbrille» oder «Die irrtümliche Abbuchung geschah am helllichten Tag» wahrscheinlich ausgereizt, aber auf dem Nachtschrank meiner Frau stapeln sich Bücher mit so von Blut triefenden Covern, dass ich mich bei der Frage ertappte, was das für eine Welt ist, von der meine Frau abschalten will, wenn sie sich nur noch mit so was davon ablenken kann.

Eine gute Frage, eine wichtige Frage, und ich reichte sie an meine Frau weiter, als sie sich wieder einmal nächtens wegen irgendeiner Verwesungssache aus der Feder bzw. Tastatur von Simon Beckett verschlossen gab. Sie lese Krimis, weil sie wissen wolle, ob sie mit ihren Vermutungen recht habe, bekannte mein Weib abwesend zwischen zwei Absätzen, das nenne man Spannung. Ich rutschte näher und sagte, das Schöne an spannenden Büchern sei, dass man sie morgen an genau derselben Seite wieder aufschlagen könne, ohne dass die Spannung sich über Nacht verflüchtigt hätte. Aber ich ward sogleich von ihrem schönen Hintern fortgedrückt, denn es war gerade eine Stelle mit wichtigen Hinweisen, die meiner Frau im Gegensatz zu meinen Absichten noch gänzlich unbekannt waren.

Der Erfolg der Krimibranche bei der weiblichen Kundschaft verdankt sich also der überraschend öden Tatsache, dass Thriller nur als Verbrechen getarnte Sachaufgaben sind. Wie schon in der Grundschule die zwinkernde Lehrerfrage «Na, wer von euch kennt die Lösung?» zuverlässig dazu führt, dass all die Streber-Mädchen sich Arm ausreckend und «Ich-ich-ich!» kieksend melden (während die Jungs weiter ungerührt unter dem Tisch Pokémon-Karten tauschen), so stachelt auch der Thriller in reiferen Jahren bloß den unschönen weiblichen Klassenbestenehrgeiz auf, den Täter schon auf den ersten hundert Seiten herauszuknobeln, sich selbst auf die Schulter zu klopfen und das Buch nur noch zur Bestätigung auszulesen. Ein Bedürfnis, das sehr stark sein muss, denn dafür nehmen krimischmökernde Frauen einiges in Kauf. Literarische Qualitäten, feine Psychologie oder Stil – Fehlanzeige. Wenn Stieg Larsson von Lisbeth Salanders Geschicken erzählt, klingt er selbst bei den drastischen Szenen wie seine eigene Oma. Dazu passt, dass in «Verdammnis», «Vergebung» und «Verblendung» alle zwei Dutzend Seiten in völlig nervtötender Weise Stullenbrote gegessen werden und Kaffee getrunken wird, als wäre dem Autor vom schwedischen Schriftstellerverband nur eine einzige Überleitungsszenerie zugestanden worden.

Aber Frauen lesen über so was hinweg. Sie wollen nur wissen, wie es weitergeht.

Dazu kommt, dass der Autor den ihm ja von Anfang an gut bekannten Täter (wobei ich schon Roman-Figuren erlebt habe, die sich erst beim Schreiben mit einem Mal als Schurken herausstellten) hinter allen möglichen Nebenhandlungssträngen vor den schnüffelnden Leserinnen versteckt. «Ah ja, klar», murmelte meine Frau ein paar Seiten weiter in sich hinein, «wusste ich es doch, der Typ mit dem Hut war es nicht.» Ich setzte mich auf und erklärte, ich würde mir die Hälfte des Geldes zurückerstatten lassen, wenn ein 400 Seiten starkes Buch an die 200 Seiten irreführende, völlig sinnlose Handlungsstränge enthalte, aber mein Weib murrte, in meinem Leben sei auch manches umsonst gewesen, und ich gab kleinlaut bei. Okay, wenn man schon mal teuer geschieden wurde, reagiert man vielleicht gereizter auf falsche Fährten.

Meine Frau blätterte weiter. Im Minutentakt. Für mich, der ich langsamer lese als meine Tochter den Text in Kartoffeldruck nachbauen könnte, völlig unverständlich. Krimis sind Schlingbücher. Man kann hier nicht ernsthaft von Lesen sprechen: Der Inhalt wird eigentlich nur grob mit dem Augenpflug umgebrochen.

Weil ich jetzt schon so lange wach geblieben war, unternahm ich einen neuen Versuch, Simon Becketts Leichenblässe von meinem Weib zu vertreiben.

Doch es ward ungehalten. «Ich will das jetzt zu Ende lesen!», rief es. «Du wirst dich ja wohl noch ein bisschen gedulden können.»

Spannung, Ablenkung, Rätselfreude – alles Standard-Erklärungen, mit denen man von Frauen abgespeist wird. Spannend ist ja vieles. Die Frage zum Beispiel, ob der Kronsohn die zehnte Klasse schafft, ist für einen halbwegs empathischen Elternteil ein echter Sesselkraller, und gegen den Thrill, endlich die Benotungsseite der entscheidenden Mathearbeit aufzublättern, kommt kein noch so finsterer skandinavischer Mädchenhändlerring an. Wenn Frauen also derart fasziniert von Krimis sind, muss noch etwas anderes, ein tieferer seelischer Grund vorliegen. Hier ist er: Krimis verarbeiten eine schockierende Grunderfahrung, die Frauen in Langzeitpartnerschaften machen. Diese Grunderfahrung ist, dass der Mann am Ende doch nicht das ist, was er anfangs schien.

Männer entpuppen sich nämlich. Sie werden entweder auf unvorhersehbare Weise vorhersehbar oder närrisch eitel und lassen sich die Haare vom Hintern auf die kahlen Stellen des Kopfes versetzen oder schauen heimlich wohltuend voraussetzungslose Kopulationen im Internet. Dieses Trauma finden Frauen in Thrillern jeglicher Couleur bestätigt. Der brave Kommissar, die aufrechte Pathologin, der gutgläubige Reporter, sie alle müssen im Verlaufe ihrer Recherchen erkennen, dass sie dem Täter schon auf Seite drei die Hand geschüttelt haben. Als wäre dies nicht Horror genug, finden Frauen in Krimis ihre Auffassung vom männlichen Wesen bestätigt, sofern sie in der Figur des Serientäters gipfelt. Für sie sind Männer, die nach zehn Jahren immer noch nicht von selbst ihre alten Schlüpper in die Wäschebox räumen, nichts anderes als Gewohnheitsverbrecher – und der Schritt zum Serienkiller ist nicht mehr so ganz auszuschließen.

Ratsch, ratsch, ratsch – blätterte meine Frau dem Finale entgegen, während ich mich resigniert umwandte und mein Kissen in Schlummerposition boxte. Das Letzte, was ich hörte, bevor ich einschlief, war: «Na bitte, hab ich's doch gewusst.» Ich würde nie erfahren, ob sie mein Einschlafen oder den Täter meinte.

HALLO, SIE HABEN IHR HÖRGERÄT VERLOREN!!!

Mein Schwiegervater ist eigentlich nicht sehr verschwiegen. Normalerweise ruft er schon ein Hallo von der Haustür, wenn wir auf den Parkplatz rollen, und plaudert einen munter über die Schwelle. Aber diesmal hockte er in der Küche, las völlig abwesend Zeitung und nahm nicht mal Notiz von uns, als wir im Flur geräuschvoll die Koffer fallen ließen. Stattdessen baute sich Schwiegermutti vor ihm auf und schrie ihn an, dass der Besuch jetzt da sei.

«Oh, oh», flüsterte ich meiner Frau zu, «dicke Luft. Die haben sich doch gestritten.» Betreten sahen wir ihn an, als der Schwiegervater in den Flur kam, seine Tochter umarmte, die Trollprinzessin knutschte und wie immer versuchte, mir beim Handschlag die Finger zu brechen. «Ihr müsst laut mit ihm sprechen, er hat sein neues Hörgerät verloren», erklärte sich endlich die Schwiegermutti. Und zwar beim Winterspaziergang.

Da sich Schwiegervater wie die meisten älteren Menschen weigerte, pinkfarbene oder neongrün blinkende Hörgeräte ans Ohr zu klemmen, sondern durchsichtige, war das Ding absolut unwiederfindbar verloren. «Dabei ging hundert Meter hinter mir noch ein Pärchen!», empörte sich Schwiegervater, und ich schrie ihn an, dass die beiden hinter ihm wahrscheinlich eine halbe Minute lang verzweifelt «Hallo! Sie haben was verloren!» gebrüllt hätten, aber natürlich umsonst. Schwiegervater war frustriert. Es war ein nigelnagelneues Hörgerät mit drei

Mützen-Charakteristiken von Pelzkappe bis Kopftuch und etlichen persönlichen Filtereinstellungen. «Ich hatte mich fast so weit eingepfriemelt, dass es in Filter A außer Sportfernsehen nichts mehr durchließ», seufzte er, und ich überlegte, ob Schwiegermutti dann immer erst bei Steffen Simon von der ARD hätte anrufen müssen, damit der während des Fußball-Länderspiels «Jetzt kommt Lahm über die Flanke, und in W. steht seit zehn Minuten das Essen auf dem Tisch» durch den Fernseher reportert. «Und was wird jetzt mit dem Chorwettstreit nächstes Wochenende?», fragte meine Frau als gute Tochter die einzig wirklich relevante Frage dieses zweiten Hörverlustes.

Mein Schwiegervater leitet einen vielversprechenden Seniorenchor, und die Aussichten, bei den Landeschormeisterschaften die singenden Opernhaus-Pensionäre aus der Landeshauptstadt als bloße Krawalltruppe auf die Plätze zu verweisen, waren diesmal ausgesprochen gut. «Bei den tiefen Tönen geht es ja noch. In den oberen Lagen hör ich so gut wie gar nichts mehr», klagte der Schwiegervater. «Leih dir doch irgendein Hörgerät», schlug ich vor, während meine Frau mir einen Blick zusteckte, dem ich entnehmen durfte, dass ich der Chormusik-Laien Ahnungslosester sei und dass ein mit einem Leih-Hörgerät dirigierter Chor dasselbe sei, als wenn Sir Simon Rattle mit der Nordkurve von Hansa Rostock spontan die «Carmina Burana» aufführen wolle (was ich ihm allerdings zutrauen würde). «Dann bleibt nur eins», sagte ich unverdrossen weiter, weil mich meine Inkompetenz noch nie davon abgehalten hat, Menschen in Not zu helfen, «ihr müsst bei eurem Programm alle Lieder brummen.» Schwiegervater winkte ab, und wir begaben uns an den Kaffeetisch.

Trotzdem war es nicht umsonst, denn als wir am

Abend zu Bett gingen, hörte ich ihn, so leise wie es ohne Hörhilfe ging, seine Frau fragen: «Was hältst du davon, wenn ich den Chor kurzfristig in ‹Die Elbe-Kosaken› umtaufe?»

WAREN WIR SCHON Mittelmeer, Mittelmeer – du machst es dem Urlaubsplaner schwer. Essen tue ich ja lieber an den westlichen, aber baden gehe ich lieber an östlichen Gestaden. Fragen wir Lord Byron, den alten Hinkefuß, ob er uns einen Kompromiss empfehlen kann. Er kann. «Griechen sind Türken, die sich für Italiener halten», sagt Lord Byron. Dann fahren wir doch nach Kreta. «Wir waren noch nie auf Kreta!», sage ich begeistert zu meiner Frau. «Du warst noch nicht auf Kreta», sagt meine Frau.

Na klar, meine Frau war schon mal auf Kreta. Mit Gernot. 1993. Und er hat sie sogar eingerieben, am Strand, der schmierige Typ. Sonnenmilch-Herzchen auf den Rücken gemalt und lauter solche Standards aus der Mottenkiste. Ich habe es gesehen. Im Bücherschrank stehen vier Fotoalben aus dem Vorleben meiner Frau. Ich habe schon überlegt, sie Gernot zu schicken. Soll der sich doch daran erinnern.

Oder ich klebe überall meinen Kopf auf Gernots Körper, damit es wieder stimmt. Immerhin hat meine Frau Gernot verlassen. Er war ihr zu attraktiv und erfolgreich. Sie wollte keinen Mann, bei dem von vornherein alles klar ist. Meine Frau wollte einen Mann, bei dem es bis zum Schluss spannend bleibt (ob er noch die Kurve kriegt). «Na und», sage ich trotzig, «Kreta kann man sich auch mehrmals angucken. Machen die Kreter jeden Tag.» – «Du bist unsensibel», meint meine Frau, «Da ist doch alles voller Erinnerungen.» Na super. Wo sollen wir denn dann

Urlaub machen? Das reiche Ärztesöhnchen Gernot hat mit meiner Frau halb Europa mit Erinnerungen markiert wie ein blasenkranker Pudel. Die waren doch zwischen 1990 und 1994 quasi überall, wo es romantisch war. Für mich hat er noch Bottrop und Halle-Neustadt übriggelassen. Die weibliche Vermeidungsstrategie, nicht an Orte zu fahren, wo man schon mal mit einem Verflossenen die Flossen ausstreckte, führt bei Frauen mit einem gewissen Vorleben schnell zu Reisebeschränkungen von DDR-Format.

Männer sind da ökonomischer. Während ich mit meiner Holden jedes Jahr den Globus nach von Erinnerungen unberührten Flecken absuchen muss, fuhr Freund Ulfi lange Zeit jedes Jahr mit seiner jeweils neuen Freundin nach Rügen in haargenau dieselbe Pension, aß im selben Fischrestaurant und machte am Nonnenloch dieselben flauen Witze. Urlaub nicht nur für die Knochen, sondern auch mal fürs Gehirn. Vielleicht hat er es aber auch nur notgedrungen gemacht. Die Trennungen waren schließlich immer hochdramatisch, und der einzige Ort, an dem Ulfi vor seinen Gewesenen sicher sein konnte, war der Ort, wo sie niemals wieder hinfahren würden.

«Wie wär's mit Venedig?», schlägt meine Frau vor. «Da war ich noch nicht.» Ich schon. 1992. Mit Babett, die mich immer so fürchterlich verliebt anguckte, als hätte sie Angst, dass keiner mitkriegt, dass sie mich gerade fürchterlich verliebt anguckt. ABER!! Das weiß meine Frau nicht. In Venedig kann man zwar nur in der Badewanne baden, aber speisen («Trattoria alla Madonna» – ma que bella notte, «Trattoria L'Altanella» – splendido, magnifico) kann man wie der Doge in der Loge. «Venedig, Venedig», kaue ich den Vorschlag hin und her, «soll ja ganz schön sein.» (Könnte ich endlich mal Gondel fahren. Dafür war letztes Mal kein Geld mehr übrig, nach der Fresserei!) «Aber ohne diesen Gondelquatsch!», sagt meine Frau jetzt streng. «Wir sind keine Amerikaner!»

KÜNSTLICHER ERDBEERGESCHMACK, HOLZFAX-GERÄTE UND RELEVANZ-FLATRATES Der Sohn macht Hausaufgaben mit MG-Geräuschen, und ich habe den Löffel so was von gestrichen voll, und zwar schon den dritten. Mit dieser erklecklichen Menge Zucker werde ich das Tortengusspulver anrühren für eine leckere Familiennachmittags-Erdbeertorte. Der Tortenguss enthält extra Erdbeergeschmack, weil diese großen, prachtvoll ausschauenden Großhandelserdbeeren bekanntlich nicht genug Erdbeergeschmack haben. Es ist ein bisschen komisch. So, als wenn man auf eine Scheibe Brot erst Brotgeschmack draufschmieren müsste, damit sie nach Brot schmeckt, aber bei Großhandelserdbeeren gehen ja Frucht und Geschmack schon länger getrennte Wege. Vielleicht gibt es irgendwann nur noch graue Erdbeermasse im Handel, die man mit einem extra Erdbeerformer in Erdbeerform bringen, mit Erdbeerfarbe bemalen und dann mit Erdbeergeschmack anreichern muss.

Na, na, Herr Schwarz, das kann ich mir aber nicht vorstellen, sagt jetzt der geneigte Leser. Hoho, Herr Leser, seine Vorstellungskraft zum Maß aller Dinge zu nehmen ist ein eitel Unterfangen. Lass er nur einmal flüchtig die Ereignisse und Erfindungen der letzten zwanzig Jahre vor seinem geistigen Auge Revue passieren und frage sich ehrlich, was davon sein überaus begrenztes Vorstellungsvermögen sich vorzustellen vermochte. Die technologische Entwicklung der letzten zwanzig Jahre war schlicht und ergreifend unvorstellbar.

Beispiel gefällig? Bringt das Beispiel herein!

Vor ungefähr zwanzig Jahren musste ich mich auf dem Leipziger Hauptpostamt an eine unabsehbare Schlange unruhig hospitalisierender Ossis anstellen, wenn ich vom Faxbüro des Leipziger Hauptpostamtes eine einzige Schreibmaschinenseite mit einem Artikel an meine Westberliner Zeitungsredaktion schicken wollte. Das Leipziger Hauptpostfaxgerät wurde von einem Oberfaxmeister in Uniform bedient. Nicht unhäufig wurde dabei die kostbare Schreibmaschinenseite von den zwei hölzernen Einzugswalzen des etwa kommodengroßen, gusseisernen Geräts zerknickt, zusammengerafft oder gar zerrissen, während der Oberfaxmeister großspurig dem Publikum verkündete: «Zurücktreten! Ich beginne jetzt mit der Übertragung des Dokumenten-Faksimiles nach Berlin/West!» Die Prozedur kostete zwölf Ostmark und wurde mit einer handschriftlichen Quittung besiegelt.

So war das vor zwanzig Jahren, und das ist noch nicht so lange her.

Heute dagegen könnte ich die Explosion eines Selbstmordattentäters auf dem Altmarkt per Handy-Video ins Internet stellen, bevor der Attentäter zu Ende explodiert ist. Ach, was sage ich: Die moderne Kommunikationstechnik ist so schnell geworden, dass der Attentäter sich auf seinem eigenen Handy selber im Internet beim Explodieren zusehen könnte! Und zwar aus drei verschiedenen Perspektiven, denn ich bin ja nicht der einzige Mensch auf dem Altmarkt, der reflexartig sein Handy zückt, wenn irgendwas passiert.

Das ist alles sehr schön zu wissen. Nur wird sich vermutlich nie ein Selbstmordattentäter auf dem Altmarkt in die Luft sprengen. (Wäre auch keine so gute Idee:

Da ist Mittwoch immer Markttag, wo die dicken Omis Räucherfisch und Zervelatwurst kaufen, um ihre Galle fertigzumachen. Wenn sich einer dazwischen in die Luft sprengt, macht es wahrscheinlich nur kurz Bubb, weil die dicken Omis die ganze Wucht abpuffern würden.)

Was aber macht man dann mit der ganzen tollen Kommunikationstechnik, wenn es keine superbösen Terroristen weltweit in Echtzeit zu kommunizieren gibt?

Man terrorisiert selber, und zwar andere Leute. Das Handy klingelt in der Ladeschale. (Wer hätte gedacht, dass das schale Wort «Schale» noch einmal derartig Karriere machen würde? Haftschalen, Ladeschalen, was wird der nächste Coup der «Schale» sein?)

«Hast du den Produktionsleiter schon angerufen?», fragt Kollege Ulfi. «Ja», sage ich. «Hast du nicht», sagt Ulfi, «ich habe eben mit ihm telefoniert, um zu fragen, ob du schon mit ihm telefoniert hast.»

Und dies ist, was ich denke: Der Fortschritt ist ein Wind, der vom Paradies herweht.

Wenn es noch Telefone mit Wählscheiben gäbe, würde mein Kollege Ulfi es sich nämlich dreimal überlegen, ob er meine zwölf Rufnummernziffern auf dem äußerst schwer beweglichen, schwarzen und scharfkantigen Duroplast-Wählscheiben-Telefon einmal mehr als nötig eindreht. Er müsste andere Kollegen bitten, das Tischtelefon mit beiden Händen festzuhalten, damit er die zähe Quälwählscheibe drehen kann. Sein von allzu vielen Wählscheibenlöchern wund gescheuerter Zeigefinger würde ihn dabei klagend fragen: Ist dieser Anruf wirklich nötig? Musst du alles genau wissen? Hab doch einfach mal Vertrauen, dass dein lieber Kollege seine Arbeit ohne deine Hinweise, Rückfragen und Termine ordentlich erledigt! Das

Handy hat das Vertrauen aus dieser Welt entlassen. Wer braucht Vertrauen, wenn er kontrollieren kann?

Wer jemals Schlager der 60er Jahre gehört hat, weiß, dass damals Vertrauensvorschüsse eingeklagt wurden, gegen die die Griechenland-Hilfe wie eine Petitesse ausschaut. Die «Blue Diamonds» zum Beispiel verlangten von «Ramona» nicht weniger, als ein volles Jahr vertrauensvoll zu warten, und überließen es derweil Sonne und Mond, Grüße auszurichten statt irgendwelcher SMS. «Verzag nicht und frag nicht, denn in Gedanken bin ich bei dir. / Bei Tag bringt die Sonne, bei Nacht der Mond dir Grüße von mir.» Der Lohn war: «Nach einem Jahr steh ich mit Blumen vor der Tür. / Ramona, dann bleib ich bei dir!» (Okay, die «Blue Diamonds» waren zwei. Ramona musste also rein rechnerisch nur ein halbes Jahr auf jeden warten.)

«Siehst du die Sonne, Ulfi?», sage ich.

«Ja, wieso?»

«Verzag nicht und frag nicht, Ulfi! Und wenn du unsicher bist, ob ich alles richtig mache: Schau einfach in die Sonne. Die Sonne soll dir sagen, dass ich in Gedanken immer bei dir bin!»

«Ruf den Produktionsleiter an!», sagt Ulfi böse. «Ich ruf dich in zehn Minuten noch mal an. Wenn du dann immer noch nicht angerufen hast, rufe ich den Chef an!»

Ich weiß, dass die Zeit der Wählscheibentelefone unwiderruflich vorbei ist. Aber vielleicht gibt es ja selbst in dieser komischen Social-Media-Epoche eine Abhilfe gegen den Fluch der terroristischen Kommunikation. Man müsste den Facebook-Daumen mit einer Art Telefonflatrate kombinieren. Das ginge so: Nach jedem Anruf müsste der Angerufene entscheiden, ob dieser Anruf hilfreich oder relevant war. Jeder Anrufer hätte ein Kontingent von zehn überflüssigen Anrufen. Überschreitet er diese Zahl, wird sein Anschluss für eine Woche gesperrt. Ansonsten kann er so viel telefonieren, wie er will.

«Tach», sagt meine Frau hinter mir.

«Tachchen!», antworte ich (meine Tage sind nicht so großartig, es sind eher so Tachchen, Tageleins und so was). «Was hasten den ganzen Tag gemacht?», fragt sie. «Uns eine Erdbeertorte und mir Gedanken.»

«Unser Sohn spielt schon wieder Ballerspiele», meint meine Frau jetzt vorwurfsvoll und nickt grimmig in Richtung Jugendzimmer. Es stimmt also doch: Ballerspiele machen aggressiv. Allerdings nur die Mütter der Spieler. Meine Frau übernimmt die ausgekühlte Erdbeertorte und schneidet sie in Sechzehntelstücke.

«Das liegt daran, dass es so leicht ist. Man muss nur eine Computermaus klicken, und schon ist das Monster tot», kläre ich sie auf. «Ego-Shooter würden an Beliebtheit einbüßen, wenn man mit echten kiloschweren Sturmgewehren vor dem Bildschirm herumfuchteln müsste.»

Meine Frau spachtelt sich das erste Sechzehntel Erdbeertorte in den Mund.

«Du bist richtig klug, weißt du das?», mümmelt sie, und ich finde sie plötzlich sehr sympathisch, fast schon sexy. Ach, selbstgemachte Erdbeertorte und selbstgemachte Gedanken sind schon was Feines!

PLÖTZLICH PLATZECK «Wie haben Sie nur hergefunden?», fragt die Optikerin fassungslos, nachdem sie das Sehstärkenmessgerät beiseitegeräumt hat. Nun ja: Die Polizei hat mich gebracht, nachdem einer ihrer unscheinbarsten, nur in grünen Dunst gehüllten Kollegen vergeblich versucht hatte, mich mit irgendwas rotem Unscharfen nach möglicherweise so was wie rechts rauszuwinken, weil ich das 50er Schild für ein 80er Schild gehalten habe.

Wir probieren ein paar Brillen, aber entweder sind sie mir zu konturlos oder zu dickgestellt. «Wow, die steht Ihnen!», sagt die Optikerin schließlich bei Brille Nummer elf. Nun gibt es zwar die Regel, dass Gefallensbekundungen in Geschäftsbeziehungen («Wow, ist der groß!») grundsätzlich nichts bedeuten, aber irgendwie bin ich durch das Übermaß an plötzlich wahrnehmbaren Details irritiert, sodass ich es tatsächlich als Kompliment nehme und die Brille kaufe.

«Du siehst aus wie Matthias Platzeck», sagt meine Frau, als ich mich ihr frisch und erstmalig bebrillt präsentiere.

Ich habe nichts gegen den brandenburgischen Ministerpräsidenten. Aber eigentlich reicht es, wenn Matthias Platzeck so aussieht wie Matthias Platzeck. Ich bereue es, keine Kontaktlinsen genommen zu haben. «Irgendwie passt die Brille nicht zu dir ...», versucht meine Frau weiter, an der falschen Stelle ehrlich zu sein, «du siehst so ... charmant aus.» Das möchte ich natürlich nicht. Wenn ich in der Stadt eine Politesse anschreie, soll sie empört sein und nicht noch verliebt gucken. Kein Wunder, dass der brandenburgische Politsympath immer Trödel mit die Weiber hatte.

Egal, die Brille war teuer. Um sie mit einem halbwegs guten Gefühl für immer beiseitelegen zu können, müsste sie sich erst mal amortisieren. Ich könnte zum Beispiel als Matthias-Platzeck-Double bei Geburtstagen auftreten. Der Markt für Ministerpräsidenten-Doubles mag klein sein, aber mit einer professionell geführten Doppelgänger-Agentur ließe sich vielleicht was rocken. «Also, das Elvis-Presley-Double und das Marilyn-Monroe-Lookalike sind schon ausgebucht», könnte dann die furchterregend ondulierte Inhaberin erklären und mit der Zigarettenspitze herumfuchteln, «aber ich kann Ihnen für Ihre Party noch einen Mann anbieten, der genauso aussieht wie der brandenburgische Ministerpräsident!» Der Partyveranstalter würde vielleicht zögern, doch dann würde die Agenturchefin nachlegen: «Sie kriegen ihn 30 Prozent billiger. Er ist nämlich etwas kleiner als das Original.» Der Partyhai würde jetzt vielleicht noch mehr zögern, sodass es schon fast wie Widerwillen oder Abscheu aussieht, aber die Agenturchefin würde ihn weiter ködern: «Sieht aus wie Platzeck – nimmt aber weniger Platz weg! Naaaa?» Schwups, wäre der Mann aus der Tür!

Wahrscheinlich wird das reine Doppelgängertum für einen Partygag nicht ausreichen, und ich werde darstellerisch eine Schippe nachlegen müssen. «Erleben Sie den brandenburgischen Ministerpräsidenten beim Komatrinken! Erleben Sie einen führenden ostdeutschen Sozialdemokraten, wie er im Spitzenrock aus einer Torte springt!» oder so. Bis Matthias Platzeck sich endlich eine neue Brille zulegt, weil er nicht mehr mit diesem Scheusal von Doppelgänger in Verbindung gebracht werden möchte.

NIE WIEDER POGO «Du hast Schuppen», sagte meine Frau, als sie nach dem Trollfeierabend zu mir ins Wohnzimmer kam, «und zwar hallo ballo!» Sie zupfte mir ein paar weiße Krümel vom Schopf und hielt sie mir vor die Nase. «Du aber auch!», entdeckte ich verblüfft und schüttelte meiner Frau eine Handvoll Gries aus dem Haar. «Sind Schuppen ansteckend?», wunderte ich mich. «Muss ich jetzt für immer weiße Rollkragenpullover tragen, damit sie niemand sieht?» Mein Hirn fing an, leise vor sich hin zu hypochondrieren. Wahrscheinlich würde ich in Bälde mit dem nächstbesten Türsteher nach der üblichen Fangfrage «Willst du Streit?» in kaum ergebnisoffenen Vollkontakt kommen, weil mir der Doktor wegen des Schuppenbefalls verboten hat, den Kopf zu schütteln. Bumm. Bumm.

Wieder fiel weißer Riesel herab. Doch diesmal ging unser Blick höher. An die Decke, wo der Stuck aus feinen Rissen bröselte. «Das ist Trittschall», sagte Frau plötzlich mit gespenstisch veränderter Stimme, «ich geh hoch!» Ich erbleichte. «Nein, nicht!», hielt ich meine Frau so fest am Oberarm zurück, dass sie von den Druckstellen Fotos für etwaige Scheidungsunterlagen hätte machen können. «Bist du wahnsinnig? Über uns wohnen Afrikaner. Das ist total rassistisch. Morgen stehen wir in der Zeitung. Vielleicht sind es Massai. Massai müssen springen, sonst verkümmern sie. Da kannst du bis zum Bundesgerichtshof gehen. Die dürfen das.»

Ich überlegte, ob ich meine Frau wenigstens

zu einer schwächeren Eskalationsstufe überreden könnte. «Schenk ihnen doch erst mal ein Pfund Knete und sag ihnen, sie sollen still am Tisch was Schönes draus kneten.» Meine Frau löste überraschend leicht Finger für Finger meines Eisengriffs. «Ich kenne die Afrikaner. Die kneten was Schönes, und dann springen sie vor Freude darüber wieder durch die Wohnung. Das werde ich aber so was von unterbinden!»

Es bestand kein Zweifel mehr. Meine Frau war Trittschallhysterikerin. Unter allen Nachbarschaftsneurosen ist der Trittschallhysteriker die am meisten gefürchtete und verabscheute Figur. Ein ganz Krampf gewordener Untermieter in Flauschpuschen, der alle zehn Sekunden den Atem anhält, um besser nach oben lauschen zu können, und wie wahnsinnig mit dem Besenstiel an die Decke bummert, sobald nur einmal ein Apfel aus der Einkaufstüte durch die Diele rollt. Und das mir, der ich unter Bowlingbahnen Nickerchen machen kann.

Meine Frau hatte mittlerweile im Gehakel meinen Zeigefinger zu fassen bekommen und bog ihn jetzt so um, dass ich mit schmerzverzerrtem Gesicht vor ihr niederknien musste. «Ich geh jetzt hoch!», grimmte sie. «Nein, tu's nicht! Es ist der Gipfel des Spießertums. Ich werde nie wieder zu den Beastie Boys Pogo tanzen können, wenn du das machst!» – «Du verstehst das nicht», presste mein Weib zwischen den Zähnen hervor, «ich krieg Herzrhythmusstörungen von solchen Geräuschen.»

«Lass mich das machen», rief ich, «ich sag ihnen, sie sollen rhythmischer hüpfen.»

Wie auf Bestellung begann es, schneller und unnachgiebiger zu bummern. «Das kommt nicht mehr von oben.» Meine Frau ließ mich frei. Der Zeigefinger war für Mausklicks länger nicht mehr zu gebrauchen. Vor der Tür stand unser nubischer Nachbar: «Leute, nichts für ungut. Aber es ist zu laut bei euch. Wenn das so weitergeht, muss ich die Miete mindern!»

**EINIG SCHWIEGERVATERLAND – EINE KAPITALIS-
MUSKRITIK** Viele Leute mäkeln ja immer am Kapitalismus herum. Finden ihn kalt und ungerecht und so was. Aber keiner fragt sich, wie es angefangen hat mit dem Kapitalismus. Wenn man die Leute dann mal fragt, wer denn an diesem kalten und ungerechten System schuld sei, dann loben sie einen und sagen, dass das eine wirklich interessante Frage sei, und ob man denn noch mehr solcher interessanter Fragen auf Lager hätte, und sie hätten vor Jahren auch mal jemand auf Arbeit gehabt, der immer so interessante Fragen gestellt hätte. Dann entdecken sie meistens einen Bekannten ganz weit hinten, den sie unbedingt sprechen müssen, und entschuldigen sich.

Das ist schade, denn diese Frage ist nur eine rhetorische Frage, die mir zur Überleitung dienen sollte. Denn ich kenne die Antwort. Genauer gesagt, ich kenne diejenigen, die am Kapitalismus schuld sind. Um ganz konkret zu werden: Mein Nachbar ist am Kapitalismus schuld.

Er stand einfach eines Tages vor meiner Tür und fragte: «Habt ihr ein Rührgerät?»

Ich bejahte stolz.

«Kann ich es mal ausleihen?»

«Kein Problem», antwortete ich, denn NACHBARSCHAFTSHILFE wird seit jeher in meiner Familie großgeschrieben. (Das ist völlig okay, weil ich dieses Wort ja nur selten in Texten verwende. Wenn ich es häufiger verwenden müsste, wäre es natürlich besser, wenn in meiner Familie NACHBARSCHAFTSHILFE klein geschrieben werden würde.)

«Die Kinder wollen einen Kuchen backen», erklärte der Nachbar lachend, als ich ihm die Maschine aushändigte, und ich lachte zurück. Kinder! Backe, backe Kuchen! Herrlich!

Als er das Rührgerät wiederbrachte, lachte ich nicht mehr. Das Rührgerät war offensichtlich nicht zum Rühren benutzt worden, sondern selbst in den Teig eingerührt worden. Aus allen Ritzen und Lüftungsschlitzen quoll zäher Teig. Wenn man es an zwei, drei freien Tagen sorgfältig in seine 347 Einzelteile zerlegen würde und vor allem die Kupferdrähte von den Spulen des Elektromotors abwickelte, chemisch reinigte und wieder aufwickelte, konnte man es sicherlich irgendwann wieder verwenden.

Ich hätte ihm lieber meine Frau ausleihen sollen. Die kann auch Teig kneten, aber sie lässt sich leichter sauber machen.

«Schade», meinte der Nachbar und reichte mir mit spitzen Fingern das völlig verdreckte Teil. «Aber leider hat das Ding mittendrin den Geist aufgegeben!» Hatte ich ihn am Ende falsch verstanden? Hatte er gefragt: «Habt ihr ein Rührgerät, das man mal kaputtmachen kann?»

«Na ja. Trotzdem danke!», quetschte er sich gerade noch so heraus.

Plötzlich wurde ich froh, sehr froh sogar, dass ich nicht mein Schwiegervater war. Denn sonst hätte ich meinen Nachbarn jetzt töten müssen. Mein Schwiegervater ist sehr korrekt, was den pfleglichen Umgang mit eigenen und fremden Gerätschaften betrifft, und von ihm stammen Weisheiten wie «Ein Grill muss nach dem Grillen genauso aussehen wie vor dem Grillen!». Kurz:

Sein ganzes Sinnen und Trachten ist darauf gerichtet, dass seinem Leben keine Gebrauchsspuren anhaften. Mir ist noch gut in Erinnerung, wie ein privater Autokäufer mal die Polizei gerufen hat, weil er überzeugt war, der Wagen meines Schwiegervaters sei kein Gebrauchtwagen, sondern ein geklauter Neuwagen. Auch der Verweis auf den Tacho nützte meinem Schwiegervater nichts. Der Autokäufer war sich sicher, dass der Tacho auf 120 000 Kilometer Laufleistung hochgedreht worden war. So sauber war das Auto.

Jedenfalls hätte mein Schwiegervater meinen Nachbarn jetzt in seine blitzblanke Wohnung gebeten, und der Nachbar wäre nie wieder aufgetaucht, wobei ich sicherlich nicht erwähnen muss, dass die Kriminalpolizei bei meinem Schwiegervater auch nicht den Hauch einer Spur gefunden hätte.

Ich war aber auch froh, dass ich nicht meine Mutti war, denn meine Mutti hätte gesagt: «Das kann doch mal vorkommen!» Oder sie hätte gesagt: «Es sind doch Kinder!» Das stimmt zwar, aber es sind nicht einfach Kinder, sondern Kinder mit Adjektiven. Nämlich unbeaufsichtigte, unerzogene, verlotterte Kinder. Dann würde meine Mutter sagen: «Davon geht die Welt nicht unter!» Aber auch damit hat sie leider unrecht. Die Welt wird über kurz oder lang untergehen, wenn wir nicht lernen, mit den geliehenen Rührgeräten unserer Nachbarn pfleglich umzugehen. Das klingt ein bisschen kleinteilig und nicht sonderlich revolutionär, folgt aber einer bestechenden Logik.

Denn:

«Dem Nachbarn leihe ich nix mehr aus!», verkündete ich abends meiner Frau, weil meine Frau mich über alle Maßen liebt, wenn ich Konsequenzen ziehe und Grenzen setze. (Wenn ich wirklich guten Sex haben will, reicht es, am nämlichen Tag in ihrer Gegenwart zu irgendeinem Zeitgenossen zu sagen: «Ich verbitte mir diesen Ton!» Der Zeitgenosse kann dann ruhig ausrufen: «Aber ich habe doch gar nichts gesagt!» Dann schnarre ich nur: «Das will ich auch gehofft haben!», und meiner Frau wird ganz kuschelig in den, nun ja, Regionen.)

«Recht so», antwortete meine Frau denn auch begeistert.

«Nicht mal die Hand werde ich ihm mehr geben», fahre ich stolz fort. «Wer weiß, wie ich die wiederkriege? Völlig verdreckt und beschädigt?»

«Ja», jubelte meine Frau, «soll der olle Nachbar sich doch selbst ein Rührgerät kaufen.»

«Ja, sollen sich doch alle ihre Rührgeräte selber kaufen», verallgemeinerte ich, «da werden die Rührgerätehersteller sich freuen.»

Es ist doch so. Das moderne Rührgerät ist ja eigentlich keines, sondern nur ein Platzwegnehmer in Rührgeräteform. Millionen ganzjährig so gut wie ungenutzter Rührgeräte verstopfen die Küchenschränke, um ein- oder zweimal im Jahr zum Einsatz zu kommen, nur weil nach etlichen schlechten Erfahrungen keiner mehr dem anderen sein Rührgerät leihen will. Das liederliche Benehmen und die Spontaneität arbeiten hier dem Kapitalismus und der Massenproduktion geradewegs in die Hände. Wenn alle wären wie mein Schwiegervater, würde es reichen, wenn beispielsweise Bosch ein einziges Rührgerät im Jahr herstellen würde. Dieses solide Rührgerät würde sorgsam und achtsam, geputzt und ausgenutzt in Deutschland von Hand zu Hand gehen. Kuchen würde nicht mehr aus einer Laune heraus, sondern bewusst gebacken und mit einer gewissen Vorausplanung. Anstatt im Haus herumzustromern und nachzufragen, ob jemand mal irgendein Rührgerät hat, würde am schwarzen Brett in der Küche meines Nachbarn ein Zettel hängen mit der Aufschrift «Nächsten April Marmorkuchen! Nicht vergessen! Rechtzeitig Antrag auf anderthalb Stunden Rührgerätleihe bei der Zentralen Rührgerätekoordinationsstelle der Bundesrepublik einreichen!». Ein Kuchen, auf den man sich aber ein halbes Jahr lang freut, ist ein ganz anderer Kuchen als der, den man mal eben so zwischendurch macht. Wenn von einem solchen Kuchen was übrigbleibt, schmeißt man ihn nicht weg, sondern bietet ihn den Nachbarn an. Wäre das nicht wundervoll? NACHBARSCHAFT, wie ich sie meine.

So wäre das, wenn alle Menschen wie mein Schwiegervater wären. Und es hätte noch einen weiteren Vorteil: Meine Schwiegermutter würde sich mangels Alternativen endlich nicht mehr fragen, ob ihr Mann der Richtige für sie ist.

DICKE LEDERBEULE In der Anstalt, in der ich hin und wieder arbeite, gibt es einen Transsexuellen. Also einen Mann, der jetzt eine Frau ist. Ich habe es erst gar nicht bemerkt. Er oder sie sah zwar etwas wunderlich aus, aber das lag nicht daran, dass er oder sie versuchte, wie eine Frau auszusehen. Auch Frauen versuchen manchmal, wie Frauen auszusehen, und es klappt nicht. Nein, es lag wohl daran, dass man ja als Transsexueller nicht einfach eine Frau sein will, sondern eine bestimmte Frau. In seinem / ihrem Fall nun aber eine Frau aus den späten Siebzigern. Die aufgesprühte Frisur, der großfloral gemusterte Rock – alles à la heiße Schnitte aus dem Neckermann-Katalog von 1979. Sozusagen eine Doppel-Transe. Transsexuell und transtemporal, mit dem Geschlecht auch die Epoche wechselnd.

Außer dieser etwas vorzeitlichen Anmutung war nix zu meckern. Er beziehungsweise sie ging ganz selbstverständlich auf das Damenklo. Trotzdem habe ich eines Tages herausbekommen, dass es sich in letzter Instanz um einen Mann handelt. Und zwar in der Kantine. Er oder sie stand vor mir an der Kasse, zückte das Portemonnaie – und ich erschrak. Es war eine dicke schwarze Lederbeule, ein abgewetzter Klops, in dessen zerriebenen Fächern sich Geldscheine, Münzen, Parktickets, Rechnungen und alle Arten von Karten stapelten. Ein echtes, arschgewalktes Männerportemonnaie! Fassungslos blickte ich die 70er-Jahre-Dame vor mir an und erkannte mit dem Rest meiner geschwächten Sehkraft den zartgrauen Schimmer einer Rasur unter der Schminke.

In einer Unisex-Welt, wo es keine fixen Unterschiede in der Garderobe mehr gibt, ist die Brieftasche so was wie der letzte Beweis. Keine geborene Frau würde je solch ein abgeranztes, verquollenes Ungetüm von Börse aus der Jacke oder Hose ziehen, wie es Männer tun. Aber die Männer tun es mit Stolz: Aus einer Herrenbrieftasche im Rohformat ein echtes speckiges Männerportemonnaie zu machen ist schließlich eine anspruchsvolle Prozedur. Erst mal werden alle Fächer mindestens doppelt mit Karten gefüllt, denn bekanntlich müssen neben dem Plastikmoney auch der Videothekenausweis, die Baumarktkundenkarte und der Angelschein immer am Mann getragen werden, auch wenn die Durchsage: «Ist ein staatlich geprüfter Friedfischangler unter den Passagieren?» zu den zehn unwahrscheinlichsten Durchsagen des Universums zählt. Dann folgt die Münzsammlung. Ein echter Mann bezahlt nur mit Scheinen, und deswegen ballt sich schon nach wenigen Tagen der Kleingeldbestand einer griechischen Landsparkasse in seinem Lederbüchel.

Das alles muss etwa vier Wochen warm und feucht, also körpernah getragen werden, sodass man fast sagen könnte: Ein Männerportemonnaie muss «ausgebrütet» werden. Erst dann ist es so verbeult und schartig, dass ein Mann es als seine eigene Brieftasche ansieht. Das ist auch der Grund, warum geklaute Portemonnaies immer geleert und dann weggeworfen werden. Es steckt zu viel fremder Mann drin.

«Das ist ein Männerportemonnaie», flüsterte ich der Transe zu, «wenn man sein Geschlecht umwandelt, muss man das Portemonnaie mit umwandeln.» Er oder sie zeigte mir einen Vogel. So viel Frau sollte es dann vielleicht doch nicht sein.

EIN HAUS FÜR HUSNI Mittlerweile ist ja wohl allen klar: So kann es in Ägypten nicht weitergehen! Da der amerikanische Präsident nicht aus dem Pott kommt, sehe ich mich leider gezwungen, die Initiative zu ergreifen.

Also: Ich würde den wegdemonstrierten ägyptischen Präsidenten Husni Mubarak aufnehmen. Wir haben eine ausziehbare Couch im Wohnzimmer. Da kann er schlafen. Wecken ist um 6 Uhr 30. Für alle! Im Gästeklo hängt der Spiegel ein bisschen tief. Aber wenn man beim Rasieren etwas in die Knie geht, kann man sich trotzdem gut sehen. Alle vier Tage wäre Husni Mubarak morgens mit Brötchenholen dran. Die Kaufhalle ist um die Ecke. Die Verkäuferinnen verstehen kein Arabisch, aber reagieren ganz gut auf Handzeichen. Wenn dann alle aus dem Haus sind, wäre zwei Stunden Selbstbeschäftigung für Husni (Malzeug liegt aus. Er könnte aber auch was kneten. Er könnte zum Beispiel seine Erinnerungen kneten, hat vor ihm noch keiner gemacht), aber ich wäre so gegen elf Uhr wieder zurück, und wir könnten zusammen was spielen, zum Beispiel «Die Trompete der Nofretete» (aber nur, wenn er kein Heimweh davon bekommt).

Mittagessen wäre um 12 Uhr 30. Ich koche viel vegetarisch, also überkonfessionell (ich kenne keinen Gott, der was gegen Gemüse hat). Ansonsten Huhn oder Fisch (aus ungefährdeten Beständen). Mäkeln kann ich gar nicht haben, aber so sieht er mir eigentlich auch nicht aus. Danach ist Mittagsruhe bis 14 Uhr. Das heißt, keine

Musik und auch keine lautstarken Lagebesprechungen mit irgendwelchen Exilregierungen!

Geraucht wird ausschließlich auf dem Balkon. Asche wird aufgenommen und nicht runtergeschnipst! Nachmittags ist ein Spaziergang vorgesehen oder, wenn das Wetter gut ist, Gartenarbeit. Ich muss das Laubendach neu decken, und im Exil mal ein paar Dachschindeln hochreichen ist wohl nicht zu viel verlangt.

Abends versammeln wir uns beim Fernsehen. Die Gummibärchen sind so berechnet, dass jeder zwei Handvoll nehmen kann. Und ich sehe, wenn jemand dreimal hinlangt! Die Fernbedienung wird ausschließlich von mir bedient, aber es können Vorschläge gemacht werden. «Kleopatra» mit Liz Taylor ist ein schöner Film, aber ich habe ihn schon zweimal gesehen.

Ich gehe relativ früh ins Bett, aber Husni könnte natürlich noch auf der aufgeklappten Couch was lesen oder sich sonst wie still beschäftigen. Ich habe zwei Dutzend Autobiographien von Helmut Schmidt bis runter nach Napoleon. Kriegt man ein Gefühl für Vergänglichkeit. Die Taschentücher liegen in der Küche im Fach ganz links. Ich weiß, dass Husni Mubarak Milliardär ist, aber ich würde ihm raten, davon kein Aufhebens zu machen, da mein Sohn zum Schnorren neigt. Sonst wundert er sich in ein paar Wochen, wo das schöne Geld hin ist. Geklaut wird aber nicht bei uns. Man kann also Herrenschmuck unbesorgt über den Zahnbürstenhalter hängen. Da hängt er auch morgen noch. – Alles in allem ist das ein gutes Angebot, das weit über die unpersönliche Atmosphäre in badischen Nobelsanatorien hinausgeht.

SEX MIT NOTIZEN Ich wollte nie Kriegsreporter werden. Mir hat einmal ein Kriegsreporter erzählt, wie ein anderer, sehr berühmter Kriegsreporter vor einem Leichenhaufen stand und von einer Maskenbildnerin abgepudert und auf «entsetzt» geschminkt wurde, bevor er endlich seinen Aufsager vor der Kamera machte. Ich wollte immer Kolumnist werden. Ich glaube, dass dem Kolumnismus die Zukunft gehört. Spätestens als ich kurz nach dem Studium einen Text über die sonderbare Tätigkeit des Wohnens las, den ein späterer Kleist-Preisträger (klingt wie ein Beruf aus dem Malergewerbe: Wir hätten hier schon langst zu Ende tapeziert, wenn der Kleist-Preisträger endlich mal den Preis-Kleister hertragen würde!) verfasst hatte, wusste ich: Schrecken, Irrtum, Verhängnis warten nicht nur auf dem Weg nach Djelallabad, sondern auch auf dem Weg nach Tageslichtbad. Da passte es gut, dass vor zehn Jahren DASMAGAZIN in Gestalt meiner hochverehrten Kollegin Manuela Thieme anrief und sich erkundigte, ob mein Leben spannend genug sei, um allmonatlich eine Seite zu füllen. Ich sagte zu, weil es in meiner Familie guter Brauch ist, erst mal zuzusagen. Den Rest kann man sich erarbeiten, sagt mein Vater immer. (Viele Menschen machen es andersrum und wundern sich dann, dass am Südpol schon eine Fahne steckt.)

Um immer genügend Stoff zu haben, hatte ich mir die Methode der teilnehmenden Beobachtung zurechtgelegt. Leider stellte sich im Zuge ihrer Anwendung heraus, dass es diese Methode nicht gibt. Man kann in einer Familie nur eines: teilnehmen oder beobachten. Nur Scharfschützen können beides. Zudem war meine Familie in der ersten Zeit etwas verwirrt von meinen stillschweigenden Beobachtungen, sodass sie begann, mich ihrerseits zurückzubeobachten. Ich musste sie mehrfach auffordern, mich nicht anzustarren, sondern ihr Familienleben wie gewohnt fortzusetzen. Gott sei Dank ist das Kolumnenschreiben ein manisch-depressiver Prozess, und der Versuch meiner Familie, mit einem Halbirren, der ständig zwischen «Mein Witz ist weg! Es ist alles verloren! Sucht euch Arbeit!» und «Ist das köstlich! Das hab alles ich geschrieben! Bin ich der Wahnsinn, oder was?» hin und her prallt, klarzukommen, verursacht dann doch genügend Stoff. Kurz: Das Leben eines Kolumnisten wird durch die Tatsache, dass er über dieses Leben eine Kolumne schreiben will, von selber spannend.

Leider ist meine Beobachtungsgabe zwar im Laufe der Jahre besser, mein Gedächtnis dagegen schlechter geworden. Aus diesem Grund muss ich das Familienleben doch häufiger unterbrechen, um mir Notizen zu machen. Sicher kann sich ein Pubertist nicht ganz ungestört entwickeln, wenn sein Vater sich mitten im schönsten Generationskonflikt in ein Moleskinebüchlein vertieft («Hast du überhaupt gehört, Alter, was ich gesagt hab: Du kannst mich mal. Ich hab gesagt: Du kannst mich mal!!» – «Doch, doch, hab ich gehört. Ich brüll auch gleich was zurück, ich muss mir nur schnell was aufschreiben!»). Von anderen Gelegenheiten, wo ich mich aus der Beinschere zum Nachtschränkchen hinüberbeuge, um nach Stift und Papier zu greifen, will ich gar nicht erst reden.

LIEBSTE! Dieses Buch ist dir gewidmet. Wieder mal. Ich bin ein unverbesserlicher Wiederholungswidmer. Aber du hast es verdient. Ich habe den unruhigsten Schlaf der Gegenwart. Ich trage ausgebeulte Jogginghosen, und ich ziehe sie auch noch bis über den Bauch hoch. Ich esse gerne Fleisch aus Massentierhaltung und habe mit dem Neudecken des Laubendachs so lange getrödelt, bis die Laube verfault war. Ich vertrage weniger Alkohol, als ich bestellen kann, weigere mich aber immer wieder, es zu glauben. Ich spiele manchmal tagelang Computerspiele, und wenn ich davon genug habe, spiele ich stundenlang die ersten Takte von «Für Elise» auf dem Klavier, bis du mich bittest, lieber wieder Computerspiele zu spielen. Und ich kann es mir nicht verkneifen, im Vorübergehen die Kreuzworträtselbegriffe aufzulösen, an denen du gerade knobelst, weil ich dir zeigen möchte, dass es auch gebildete Jogginghosenträger gibt.

Ich bin eigentlich kein Mann. Ich bin eine Zumutung, die sich als Mann verkleidet hat.

Ich weiß, dass du einen Besonderen wolltest, aber dass es so etwas Besonderes werden sollte, damit hast du sicherlich nicht gerechnet. Wie auch immer: Ohne dich hätte es keine dieser Kolumnen gegeben. Bleib mir gewogen und bleib mir gewachsen! Ich liebe dich!

GLOSSAR Folgende Texte entstanden für dieses Buch: Die KULANT-Versicherung verliert ihren besten Mann oder Essen Taliban Erdnussflips? / Künstlicher Erdbeergeschmack, Holzfaxgeräte und Relevanz-Flatrates / Einig Schwiegervaterland – eine Kapitalismuskritik / Ein Haus für Husni

In DASMAGAZIN erschienen zwischen 2008 und 2011: Ronny Eichholz möchte mein Freund werden / Meister Dreckecke / Vater will nicht neben Dieter liegen / Am Beginn der Eisenzeit / Der Klick fürs Wesentliche / Ausreichend unleserlich / Rechtsanwalt Mopsi ist immer noch der Alte / Seitensprung in der Straßenbahn / Über Traumfrauen oder Mit Gabi, das hat sich so ergeben … / Einfach mal mit dran denken / Eingesesselt / Beinahtoderfahrungen / Das Neffentreffen / Wer kriegt die Freunde? / Pubi sagt: Du! / Glitzerkrallen / Schrecklich oder schrecklich müde / Besser als Tabletten / Zu einem Couchtisch gehört ein Formslip! / Inge machte immer so einen gedrückten Eindruck / Wer gehört zu wem? / Mein, dein, unser lieber Scholli / Die Muttis kommen! / Sie haben mich leider doch angetroffen / Dann lieber verschenken / Richtig schlechtes Licht / Leichen für die Klassenbeste / Hallo, Sie haben Ihr Hörgerät verloren!!! / Waren wir schon / Plötzlich Platzeck / Nie wieder Pogo / Dicke Lederbeule

Das für dieses Buch verwendete FSC®-zertifizierte Papier
Holmen Book Cream liefert Holmen, Schweden.